산업화 시기

시골 소녀 명란이의 좌충우돌 서울살이

● 일기글 조호상 ● 정보글 김영미 ● 그림 김효은·강부효

사계절

공업국으로 탈바꿈한 대한민국

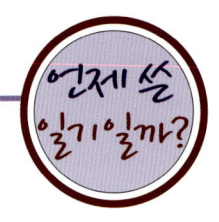

우리나라는 본래 벼농사를 주로 하는 농업국이었습니다. 그러나 산업이 발달하면서 도시에 공장과 회사가 생겨났습니다. 많은 농촌 주민들은 대도시로 이사해 학교에 다니거나 취직을 했습니다. 그래서 1970년대에는 농촌 인구보다 도시 인구가 더 많아졌습니다. 바야흐로 우리나라가 농업국에서 공업국으로 탈바꿈한 것입니다. 일기의 주인공 명란이는 그 무렵 중학교에 가려고 시골에서 서울로 올라온 국민학생이었습니다.

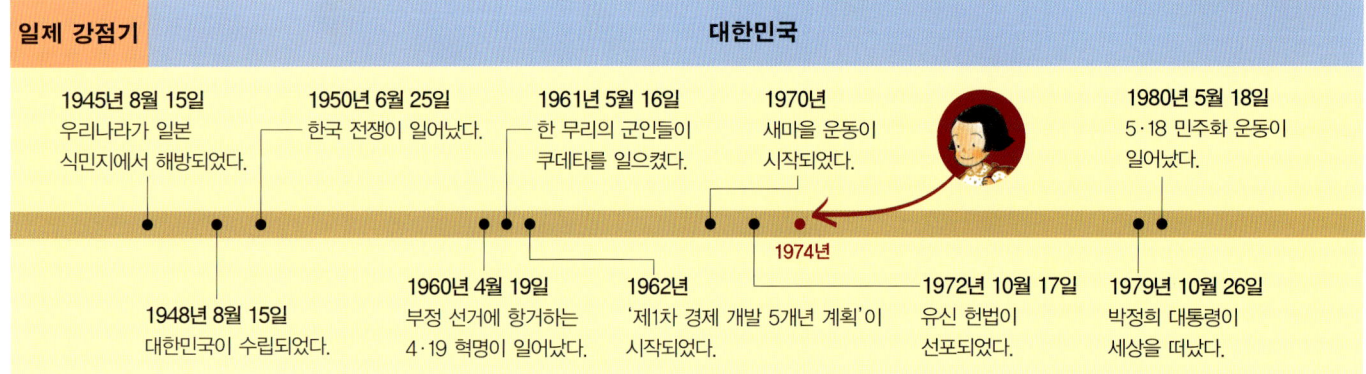

| 일제 강점기 | 대한민국 |

- **1945년 8월 15일** 우리나라가 일본 식민지에서 해방되었다.
- **1948년 8월 15일** 대한민국이 수립되었다.
- **1950년 6월 25일** 한국 전쟁이 일어났다.
- **1960년 4월 19일** 부정 선거에 항거하는 4·19 혁명이 일어났다.
- **1961년 5월 16일** 한 무리의 군인들이 쿠데타를 일으켰다.
- **1962년** '제1차 경제 개발 5개년 계획'이 시작되었다.
- **1970년** 새마을 운동이 시작되었다.
- **1974년**
- **1972년 10월 17일** 유신 헌법이 선포되었다.
- **1979년 10월 26일** 박정희 대통령이 세상을 떠났다.
- **1980년 5월 18일** 5·18 민주화 운동이 일어났다.

사람들로 가득한 서울

산업화 시기에 사람들은 대도시 중에서도 특히 서울로 많이 몰려들었습니다. 하지만 서울에는 갑자기 늘어난 사람들을 위한 학교도, 주택도, 교통 시설도 모두 부족했습니다. 무언가 새로운 해결 방법을 찾지 않으면 많은 사람들이 함께 살아가기 어려웠습니다.

달라진 생활 모습

먼저 국민(초등)학교에서는 교실 하나를 오전반, 오후반으로 나누어 사용했습니다. 또 좁은 땅에 많은 사람이 살 수 있도록 아파트를 지었습니다. 버스와 택시만으로는 부족한 교통 시설을 보충하기 위해, 땅속을 달리는 전철인 지하철도 이 무렵 처음 등장했습니다.

새마을 운동으로 잘살아 보세!

그러나 농촌은 도시보다 발전이 더뎠습니다. 농촌 젊은이들 중 뜻있는 이들은 마을을 가꾸고 새로운 작물을 심으면서 살기 좋은 농촌을 만들기 위해 노력했습니다. 그리고 정부는 '새마을 운동'을

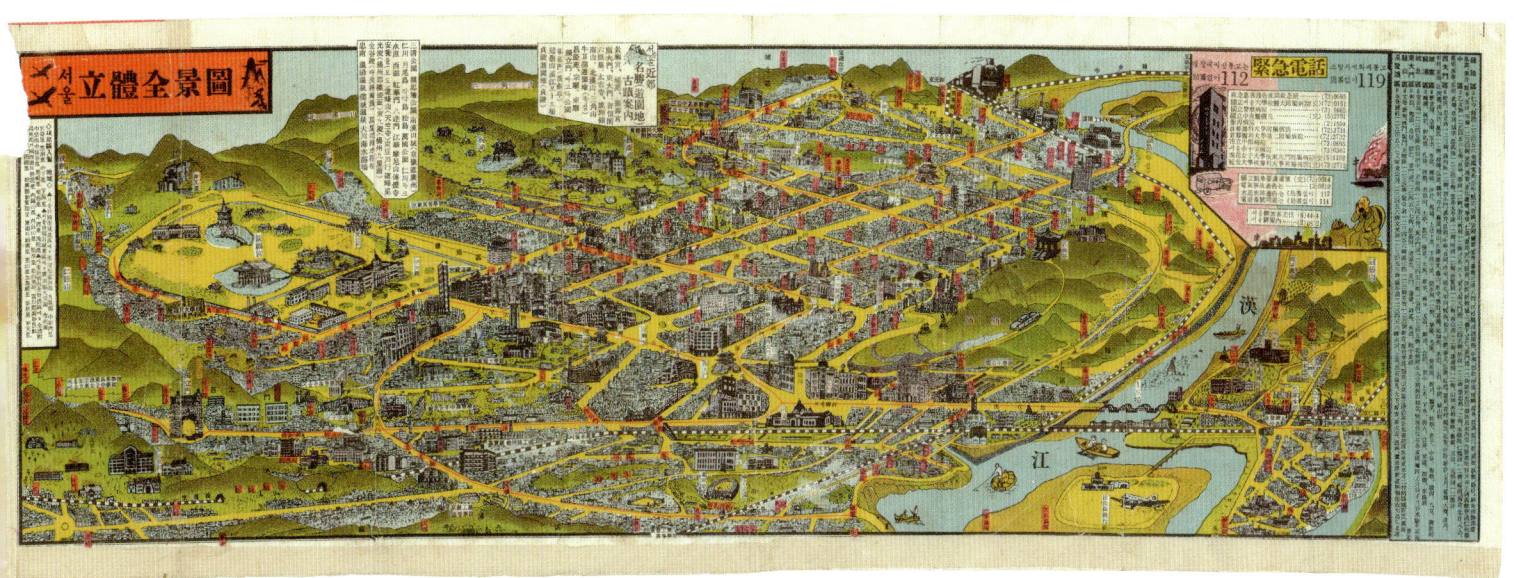

「서울 입체 전경도」 1962년 서울의 전경을 나타낸 그림지도이다. 아직 본격적인 개발이 시작되지 않은 서울의 모습이 담겨 있다. 1970년대에 여의도를 시작으로 한강 남쪽의 강남 지역을 개발하면서 서울의 모습은 크게 변했다.

시작했습니다. 농민들이 스스로 애쓰고 정부가 적극적으로 운동을 벌이면서 농촌의 모습도 현대식으로 많이 달라졌습니다.

텔레비전이 전해 준 대중문화

1970년대에 사람들의 생활 형편이 어느 정도 좋아지면서 예전에는 비싸서 엄두를 못 내던 텔레비전을

각 가정에 들여놓게 되었습니다. 텔레비전은 노래, 춤, 드라마, 운동 경기 같은 다양한 문화를 순식간에 온 나라에 전파해 주었습니다. 그래서 많은 사람들이 값싸게 누릴 수 있는 대중문화가 꽃피었습니다.

민주주의의 시련과 성장

1970년대에 우리나라의 경제는 성장했지만, 민주주의는 큰 시련을 겪었습니다. 무엇보다도 박정희 대통령이 '유신 헌법'을 만들어 국민들의 자유와 권리를 크게 억눌렀습니다. 그러자 대학생과 종교인들이 유신 헌법 폐지를 요구하는 민주화 운동을 벌였습니다. 공장의 노동자들도 좋지 않은 노동 환경을 개선해 달라고 요구했습니다. 이런 과정을 거치면서 우리나라는 민주주의가 크게 성장할 수 있었습니다.

차례

나는 무엇이 될까 6
잘살아 보세 8
우리 집에 테레비 보러 오지 마 12
삼천리는 만원이다 14
쥐잡기 숙제 16
초가지붕 없애기 18
추수하기 22
국민 교육 헌장 외우기 24
유신 헌법 찬반 선거 26
서울 가기 작전 28

2 언제 쓴 일기일까?
7 1970년대의 국민학생
9 새마을 운동이 한창인 농촌 마을
13 텔레비전의 등장
15 가족계획
17 쥐잡기 운동
21 주택 개량 사업 ➡ 달라진 부엌과 안방
23 농업의 발달
25 국민 의식 교육
27 박정희 대통령과 유신 헌법
29 서울로 모여든 사람들

➡ 책 속의 날개를 넘기면 읽을거리가 더 많이 있어요!

서울에 온 명란 30	31 도로와 교통의 발달
닭장집의 첫 아침 32	33 닭장집
서울, 환상이 깨지다 34	37 콩나물시루 교실 ➡ 교실 밖의 학교생활
큰언니의 고된 생활 38	39 달라진 식생활
골목 풍경 40	41 골목의 이웃들
다른 세상 42	45 주택난과 아파트 ➡ 마포아파트
멋진 오빠 46	47 1970년대의 대중문화
소풍날의 싸움 48	49 어린이대공원
언니의 가계부 50	
명동 거리 구경 52	53 명동 거리
봉제 공장의 언니 54	57 수출로 일어난 경제 ➡ 수출 봉제 공장
반공 웅변대회 58	59 분단과 반공
한밤의 발걸음 소리 60	61 유신 헌법 반대 운동
연탄가스 중독 62	63 편리하고 값싼 연탄
수박 잔치 64	

나는 무엇이 될까

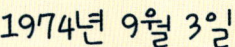

1974년 9월 3일
수업 시간에 '나의 꿈 발표하기'를 했다. 아이들은 저마다 과학자가 되겠다느니, 판사가 되겠다느니, 선생님이 되겠다느니 하면서 자기 바람을 줄줄 풀어 놓았다.

되고 싶은 거야 나도 있다. 선생님도 좋고 간호사도 좋다. 화가가 되어도 좋겠다. 엄마는 내가 따박따박 따지기 잘한다고 변호사 되면 딱 좋겠다고 한다. 그래 뭐, 변호사도 괜찮겠다.

하지만 다 헛꿈일 뿐이다. 나는 국민학교까지만 다니고 중학교를 못 갈 수도 있다.

아버지는 여자가 공부하는 걸 쓸데없다고 여긴다. 그래서 걸핏하면 이런다.

"여자가 글자나 깨치고 셈이나 할 줄 알면 됐지, 공부는 무슨 공부여!"

오빠는 대학까지 보냈으면서 딸들은 중학교도 안 보내는 아버지를 이해할 수 없다. 지금이 무슨 조선 시대도 아니고.

내가 발표할 차례가 차츰 다가오는데, 엉뚱한 소리가 들려왔다.

"지는 읍내 구멍가게 주인이 되고 싶어유. 그럼 라면땅이나 아이스케키를 맘대로 먹을 수 있으니께유."

치봉이의 능청에 와자하게 웃음이 터졌다.

곧 내 차례가 되었다. 나는 어려움에 놓인 사람을 돕는 변호사가 되고 싶다고 대충 말하고는 앉았다. 괜스레 한숨이 푹 나왔다. 잔뜩 찌푸린 아버지 얼굴이 떠올랐다.

종례를 마치고 나서 선생님이 편지 한 통을 건네주었다. 큰언니 편지였다. 편지를 왜 학교로 보냈는지 의아했다.

혼자 읽으려 했는데 미양이와 종숙이가 어서 읽어 보라고 난리였다. 편지까지 같이 읽으려 들다니, 친구들하고 너무 가까워도 탈이다. 우리는 운동장 등나무 아래서 편지를 읽었다.

"명란아, 언니가 서울에 와서 가장 뼈저리게 느낀 게 뭔 줄 아니. 배우지 못하면 사람대접 못 받는다는 거야. 나나 작은언니는 어쩔 수 없지만, 너만은 공부 많이 해서 반드시 꿈을 이뤄야 해. 아버지가 반대하겠

지만 어떡하든 헤쳐 가 보자. 언니가 힘껏 도울게."

눈물이 핑 돌았다. 큰언니는 아버지가 볼까 봐 학교로 편지를 보낸 거였다.

"명란이 넌 이런 언니가 있어서 진짜 좋겄다."

"맞어, 나는 아예 언니도 없잖여."

미양이와 종숙이가 부러운 듯 말했다.

기분이 좋긴 좋았다. 서울에 가면 헛꿈이 아닌 진짜 내 꿈을 꿀 수도 있을 거란 생각이 문득 들었다.

1970년대의 국민학생

우리나라 정부는 1950년 6월부터 모든 어린이들을 법에 따라 의무적으로 국민학교에 다니게 했다. 국민학교는 1996년 이전에 초등학교를 일컫는 말이었다.

이 시기에는 농촌보다 도시가 훨씬 잘살았다. 농촌 국민학생들은 도시 국민학생들의 세련되고 멋진 옷차림을 부러워하기도 했다.

농촌과 도시 국민학생의 차림새

국민학생들은 나라에서 만든 **교과서**로 똑같은 내용을 배웠다.

학교가 끝나면 집에 돌아와 앉은뱅이책상에서 숙제를 했다.

앉은뱅이책상

잘살아 보세

1974년 9월 4일

"새벽종이 울렸네. 새 아침이 밝았네. 너도 나도 일어나 새마을을 가꾸세……."

마을 회관에 확성기를 단 뒤로 이장 아저씨는 걸핏하면 꼭두새벽부터 노래를 튼다. 그 소리에 온 마을이 아주 쩌렁쩌렁 울린다. 「새마을 노래」, 「잘살아 보세」 이런 노래들이다.

노랫소리가 울리면 아무리 더 자려 해도 잘 수가 없다. 동생 종민이는 노래야 울리거나 말거나 푹푹 잘도 자는데, 나는 잠귀가 밝아서 퐁짝퐁짝 전주만 시작돼도 잠이 홀딱 깨 버린다. 학교에서도, 마을에서도, 라디오에서도 울리는 「새마을 노래」. 이제 하도 들어서 귀에 더께가 앉게 생겼다.

한바탕 노래를 틀고 난 뒤에는 '대한 뉴스'가 나오고, 그다음엔 이장 아저씨의 '한 말씀'이 꼭 나온다.

"에에, 한 말씀 올리겠습니다. 금일에도 마을 길을 넓히고 포장하는 작업이 있으니 아무리 바쁜 일이 있더라도 빠짐없이 참여해 주시길 부탁드리겠습니다. 요번 마을 길 넓히기 작업은 새마을 운동의 일환으로 시행되는 국가 시책일뿐더러 우리 양지리 전체의 발전을 위한 일이니 반드시……."

아버지가 마루에서 내려서며 못마땅하다는 투로 말했다.

"할 일도 많은디 허구한 날 나오라니, 거참……."

"그래도 마을이 발전하는 일이라는디 나가 봐야지유. 부녀회에서도 오늘 소쿠리 가지고 나가서 흙 나르기로 했시유."

엄마가 부엌에서 나오며 말했다.

"나라에서 시멘트까지 지원해 줬다니 길을 넓히긴 넓혀야겠지. 근디 일이 너무 많으니 문제여."

아버지가 끌끌 혀를 찼다.

요즘 마을 길 넓히는 작업이 한창이다. 소쿠리와 지게로 흙과 자갈을 날라 길을 다지고 시멘트로 포장하는 일이다. 그 일을 모두 다 마을 사람들이 한다.

얼마 전에는 길 때문에 싸움이 나기도 했다. 자기 땅이 길로 들어가게 된 사람들이 여러 명 있었는데, 덕만 아저씨가 땅을 못 내놓겠다고 버티고 나선 것이다. 땅바닥에 벌렁 드러눕기까지 했다고 한다. 땅을 거저 내놓아야 한다면 나 같아도 억울하겠다. 하지만 어른들이 며칠을 두고 설득한 끝에 결국 덕만 아저씨도 땅을 내놓기로 했다.

아침에 학교 가다가 치봉이를 만났다. 그런데 대뜸 나보고 이러는 거다.

"야, 명란젓! 변호사보다는 읍내 구멍가게 아줌마 되는 게 더 좋지 않냐?"

"으이그, 너 말 같지 않은 소리 자꾸 할텨!"

내가 눈을 치뜨며 주먹을 쥐고 달려들자 치봉이는 킥킥거리면서 도망쳤다.

치봉이 녀석, 자꾸 까불면 가만 안 둘 거다.

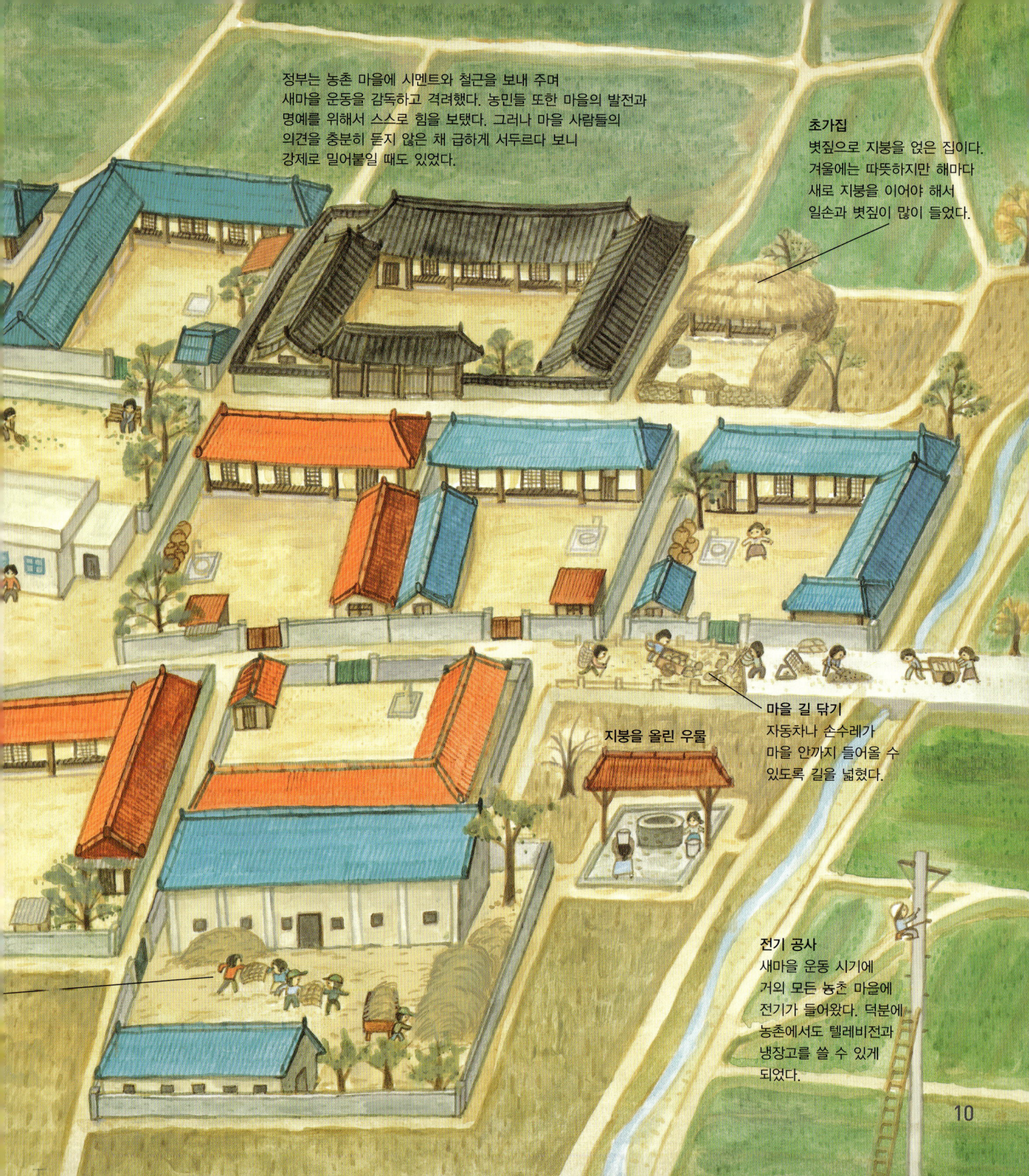

우리 집에
테레비 보러 오지 마

1974년 9월 8일

종민이가 담벼락에 기대어 훌쩍거리고 있었다.

"왜 그랴? 누구한테 또 맞았어?"

나는 얼른 다가가서 다그치듯 물었다.

종민이는 고개를 가로저었다.

"그럼 왜 울어?"

동생이 우는 걸 보니 괜스레 짜증이 나서 목청이 높아졌다. 종민이는 막내라고 엄마가 오냐오냐하며 키워 그런지 마음이 약한 편이다. 그래서 더러 친구한테 맞는 일도 있다.

종민이가 간신히 울음을 그치고 말했다.

"싸운 거 아녀. 진태가 자기네 집에 테레비 보러 오지 말래잖여."

"뭐? 그깟 테레비 안 보면 되지. 그거 갖고 우는겨!"

아마 진태하고 티격태격 말싸움을 하다가 그런 소리를 들은 모양이었다.

"타잔하고 우주소년 아톰은 꼭 봐야 한단 말여. 김일 선수 레슬링도."

종민이의 말에 어이가 없었다.

하긴 텔레비전이 재미있기는 하다. 나도 가끔 엄마 따라 진태네 집에 가서 연속극을 본다. 우리 마을에 텔레비전 있는 집은 몇 안 된다. 우리 집은 당연히 없다.

아줌마들은 저녁상을 물리고 나면 연속극을 보러 진태네 집에 모여든다. 자주 가는 게 미안해서 고구마나 옥수수 같은 먹을거리를 가져가기도 한다. 김일 선수가 레슬링 경기를 하는 날이나 일본하고 축구를 하는 날에는 온 동네 사람이 모여든다. 그럴 땐 마당에 멍석까지 깔아 놓고 텔레비전을 본다.

요즘 종민이는 틈만 나면 텔레비전을 사자고 엄마를 조른다. 하지만 엄마는 꿈쩍도 안 한다. 진태네는 작년에 월부로 샀고, 얼마 전에는 경미네도 월부로 샀다. 요새는 전기만 꽂으면 밥이 되는 전기밥솥이나 냉장고가 있는 집도 있다고 한다.

다른 건 몰라도 텔레비전은 샀으면 좋겠다. 남의 집에서 눈치 보며 텔레비전을 보는 것도 싫고, 종민이가 진태한테 치사한 꼴을 당하는 것도 기분 나쁘다. 하지만 텔레비전을 정말 살 거라고 기대하지는 않는다. 우리 집은 가난한 편이고 빚도 많기 때문이다.

그나저나 종민이는 이제 정말 텔레비전을 못 보나? 친구니까 곧 화해하겠지, 뭐.

텔레비전의 등장

1970년대에 이르러 각 가정에 텔레비전이 많이 보급되었다. 사람들은 연속극, 운동 경기 같은 프로그램을 보기 위해 정해진 시각에 텔레비전 앞으로 모여들었다.

1960년대부터 정부 정책에 따라 여러 **방송국**이 세워졌다.

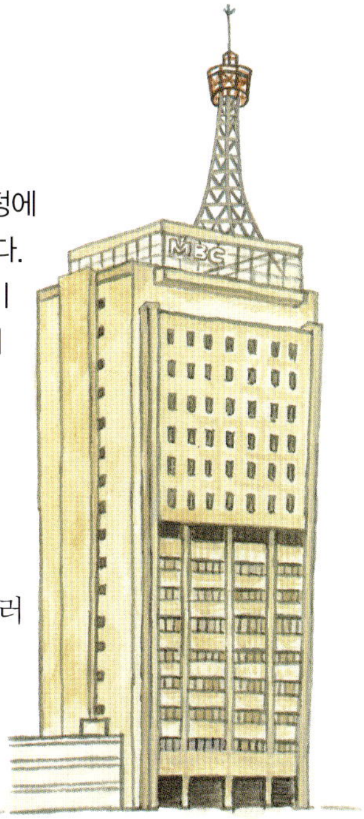

1969년에 세워진 문화방송

어린이들은 텔레비전에 나오는 **만화 영화 주인공**들을 좋아했다.

마징가 제트　　철인 28호　　똘이 장군

흑백 텔레비전

농촌에서도 도시에서도 전 국민이 **텔레비전**에 나오는 같은 프로그램을 보며 즐거워했다.

삼천리는 만원이다

1974년 9월 10일

종숙이네 할머니가 치마를 걷어붙이고 마을 회관 쪽으로 종종걸음을 놓고 있었다. 미양이와 내가 인사를 해도 본체만체했다. 아니다. 본체만체한 게 아니라 뭐에 정신이 팔려 아예 우리를 보지도 못했다.

종숙이네 할머니뿐만이 아니었다. 뒤미처 세 할머니가 똑같은 걸음걸이로 지나갔다.

"미양아, 무슨 일 생긴 모양이여."

우리는 집에 가다 말고 할머니들을 따라갔다.

할머니들은 마치 싸움이라도 하려는 사람들처럼 마을 회관으로 쳐들어갔다. 아니나 다를까, 마을 회관 안에서 왁자한 소리가 들려왔다. 그러더니 할머니들이 저마다 자기 며느리들 손목을 잡아끌고 나왔다.

"니가 시방 정신이 있는겨 없는겨? 우리 집안 자손 귀한 거 몰러!"

"세상에, 아들딸 상관없이 애를 무조건 둘만 낳으라니, 그게 될 말이여!"

할머니들이 고래고래 소리를 질렀다.

그제야 미양이와 나는 무슨 일인지 알아챘다. 보건소에서 동네 아주머니들을 모아 놓고 '가족계획'

교육을 하고 있었는데, 할머니들이 그걸 알고 득달같이 달려와서 소란을 피운 거였다.

"엄니, 애를 안 낳는다는 게 아니고 그냥 교육만 받은 거구먼유."

"맞어유. 우리도 잘 모르고 왔시유."

아주머니들은 무슨 죄인처럼 끌려가면서 핑계 대기 바빴다.

"할머니들, 이러시면 안 돼요."

"나라에서 하는 일을 방해하시면 어떡해요."

뒤따라 나온 가족계획 지도 요원들이 말했다.

"아니, 애를 낳지 말라는 게 나라가 할 일이여?"

"말세여, 말세. 아들딸을 구별 말라니, 그게 될 말이냐고!"

할머니들은 울상이 된 며느리들 손목을 쥐고 집으로 돌아갔다.

그 모습을 보고 있자니 쿡쿡 웃음이 나왔다.

우리나라는 인구가 너무 많아서 식량도 모자라고 경제 발전도 늦어진다고 했다. 그 때문에 나라에서 아이를 딱 둘까지만 낳으라고 하는 거다.

하지만 할머니들은 아이를 많이 낳아야 한다고 생각한다. 그것도 아들을 낳아야 한다고 생각한다. 그런데 우리 아버지는 노인도 아니면서 왜 아들만 중요하게 여기는 거지?

가족계획

1960년대부터 정부에서는 아이를 너무 많이 낳지 말라고 했다. 인구가 늘어나면 식량이 부족해지고, 경제 발전에도 걸림돌이 된다는 이유에서였다.

1970년대 어린이들에게는 지금보다 형제자매가 더 많았다. 한집에 대략 4~5명의 자녀가 있었다.

1970년대의 보통 가족

정부는 각 가정마다 **가족계획**을 세워 앞으로 낳을 자녀의 수를 제한하라고 했다.

가족계획 홍보 포스터

우리나라 인구는 한국 전쟁이 끝난 후 1960년대까지 매우 빠른 속도로 늘어났고, 2013년 현재 5천만 명이 조금 넘는다.

2500만 3220만 3800만 4200만 4700만
1960년 1970년 1980년 1990년 2000년

쥐잡기 숙제

1974년 9월 12일

"야, 명란젓! 쥐 꼬리 숙제 내가 해 줄까?"

점심시간에 복도에서 마주친 치봉이가 말했다.

"관둬. 내가 그까짓 거 하나 못할까 봐?"

"히히, 너 쥐 무서워하는 거 내가 다 아는디."

치봉이가 혀를 날름 내밀어 보였다.

맞다. 나는 희한하게 송충이나 뱀이나 개구리는 징그럽지도 무섭지도 않은데, 쥐는 너무나 징그럽고 싫다. 싫다 못해 무섭기까지 하다.

"명란젓, 못하겠으면 나한테 말혀. 내가 쥐 잡는 데는 귀신이니께."

"야, 너 자꾸 명란젓, 명란젓 할려? 한 번만 더 그러면 가만 안 둬!"

"히히, 명란젓이 싫으면 새우젓이라고 해 줄까?"

치봉이는 얼굴을 찌푸려 작은 눈을 만들어 보였다.

내가 주먹을 쥐고 으르렁거리자 치봉이는 실실 웃으면서 도망쳤다. 그 녀석 때문에 내 별명이 명란젓으로 완전히 굳어 버렸다. 이제는 딴 애들도 나한테 명란젓, 명란젓 한다.

1974년 9월 17일

그냥 치봉이한테 쥐 꼬리 숙제를 해 달라고 할 걸 그랬다. 이 숙제는 아버지한테 도와달라고 해야 하는데, 아버지하고는 말도 하기 싫다.

며칠 전, 아버지한테 시험 성적표를 보여 주었다. 평균 점수가 90점을 넘었고 10등 언저리를 맴돌던 등수도 2등으로 쑥 올랐다. 그런데 아버지는 성적표를 보더니 "여자가 공부 잘해 봐야 팔자만 세지 뭐에 써." 라고 툭 내뱉었다. 칭찬을 기대했던 내가 민망하고 창피했다.

그날 밤, 속상하고 억울하고 슬퍼서 이불 속에서 오래 울었다. 그리고 아버지한테 다시는 말도 안 걸기로 작정했다. 그러니 아버지한테 숙제를 도와달라고 부탁할 수는 없었다.

'쥐 꼬리 열 개 이상 가져오기.' 왜 이런 숙제로 골치를 아프게 하나. 쥐가 먹어 치우는 식량이 어마어마해서 쥐를 모조리 없애야 한다는 거다. 쥐약을 놓든 덫을 놓든 어찌어찌 쥐를 잡는다 해도 꼬리는 어떻게 자른단 말인가. 미양이는 중학생 오빠가 도와주고 정숙이는 삼촌이 해 준다는데…….

1974년 9월 20일

휴, 다행이다. 치봉이가 라면 봉지에 쥐 꼬리 열 개를 담아 줘서 숙제를 낼 수 있었다. 살다 보니 치봉이가 고마울 때도 다 있다.

그런데 미양이네 누렁이가 쥐약을 먹었다. 쥐약 놓기 전에 목줄을 단단히 묶어 놨는데 밤사이 목줄이 풀리면서 쥐약을 먹었다고 한다. 엊저녁에 미양이네 집 마루 밑에서 입에 거품을 문 채 헐떡이는 누렁이를 봤는데, 오늘 결국 죽고 말았다.

쥐잡기 운동

1970년대에 정부는 부족한 식량을 쥐들이 자꾸만 먹어 없앤다며 온 나라에 쥐잡기 운동을 벌였다. 학교에서도 학생들에게 쥐잡기 숙제를 내 주었다.

쥐잡기 운동 홍보 포스터

정부에서는 쥐잡기 운동 같은 여러 가지 **범국민 운동**을 벌여 온 국민이 참여하게 했다.

산을 푸르게 가꾸는 운동도 했다. 그래서 소나무를 갉아 먹는 송충이를 없애기 위한 **송충이 잡기 숙제**도 있었다.

화학 비료가 부족했기 때문에, 농촌 학생들은 수업이 끝난 후 퇴비용 풀을 베어 학교에 숙제로 냈다.

초가지붕 없애기

1974년 10월 4일

학교에서 막 돌아왔는데 옆집에서 고함이 들려왔다. 싸움이라도 난 모양이었다. 가방을 마루에 내던지고 옆집에 가 보려는데 부엌에서 엄마 목소리가 들렸다.

"명란아, 너 괜히 어른들 일에 끼어들지 말고 집에 있어라."

"무슨 일인지 보고만 올게유."

"무슨 애가 남의 일에 나서길 그렇게 좋아혀?"

대문을 나서는데 엄마 목소리가 등 뒤로 들려왔다. 엄마도 참, 궁금한 걸 두고 어떻게 가만히 있으라는 건지.

옆집 담장 뒤에 숨어 안쪽을 들여다보았다. 옆집 할아버지와 이장 아저씨, 면사무소 직원 아저씨, 새마을 지도자 아저씨가 다투고 있었다.

"지붕 개량을 하지 않은 몇 집 땜시 시방 우리 마을 전체가 피해를 보고 있단 말여유."

이장 아저씨가 핏대를 세웠다.

"지붕 개량 하려면 빚을 얻어야 허는디, 이장이 그 빚 대신 갚아 줄겨? 난 못 바꿔."

할아버지는 목소리를 더 높였다.

"영감님, 작년에 이 집 때문에 우리 마을이 우수 마을로 못 뽑혔습니다. 우수 마을로 뽑히면 나라에서 지원금도 주고 시멘트랑 철근도 지원해 주는 거 다 아시지 않습니까."

면사무소 직원 아저씨가 다시 할아버지를 설득하려 들었다.

"시끄러워! 나는 초가지붕도 불편할 거 하나 없어. 스레트 집은 여름에는 쪄 죽고 겨울에는 얼어 죽는다는 거 몰러?"

할아버지는 마음을 바꿀 생각이 전혀 없어 보였다.

"요새 다른 마을에선 공무원들이 초가지붕을 강제로 걷어 내고 난리났시유. 좋은 말로 할 때 협조하셔유!"

"뭐여? 자네 시방 나를 협박하는겨?"

할아버지가 이장 아저씨한테 고래고래 소리를 질렀다. 이장 아저씨도 마을 일에 협조하라며 마주 소리를 질렀고, 당장 서로 멱살이라도 잡을 것처럼 분위기가 험악해졌다.

싫다는 사람한테까지 억지로 지붕을 개량하게 만드는 게 옳은 일일까. 아니면 우리 마을을 위해서 할아버지가 협조하는 게 옳을까.

잘 모르겠다.

주택 개량 사업

새마을 운동을 하면서 일손과 볏짚이 많이 드는 초가집을 현대식으로 개량했다.

전기 공사

해마다 지붕을 새로 이어야 하는 초가지붕을 걷어 내고 개량 기와나 슬레이트로 지붕을 얹었다.

상수도

화장실

담장도 돌담이나 싸리울을 없애고 시멘트 블록으로 쌓았다.

추수하기

1974년 10월 10일

오늘은 벼 베는 날. 학교에서 돌아오니 엄마가 새참을 내가려는 참이었다. 나는 막걸리 주전자를 들고 광주리를 인 엄마를 따라나섰다. 종민이도 같이 갔다.

"새참 왔어유! 새참 잡쉬유!"

우리가 소리치자 벼를 베던 아버지와 아저씨들이 논둑으로 올라왔다.

어른들은 풀밭에 둘러앉아 권커니 잣거니 막걸리부터 들이켰다. 그리고 모두 비빔국수를 한 그릇씩 먹었다. 엄마가 만든 비빔국수는 언제나 맛있다. 그런데 이상하게도 논둑에서 새참으로 먹는 국수가 집에서 먹는 국수보다 열 배쯤 맛있다.

"올해도 풍년은 풍년이여. 통일벼라 수확량이 확실히 많기는 허니께."

"수확량만 많으면 뭐혀. 통일벼는 병충해가 많아서 그동안 농약을 얼마나 쳐 댔나. 거기서 비룟값이며 품삯까지 빼고 나면 어떻게 먹고살아야 할지 모를 판인디……."

"그러게, 농사지어 봐야 빚만 자꾸 늘어나니께 살 맛이 나야 말이지."

아버지와 아저씨들이 나누는 이야기를 듣자니 나까지 기운이 쏙 빠지는 것 같았다.

국수를 다 먹고 나서 종민이와 메뚜기를 잡았다. 그런데 논 여기저기서 툭툭 튀어야 할 메뚜기가 영 보이지 않았다. 어쩌다 한두 마리만 눈에 띌 뿐이었다.

우리가 메뚜기를 몇 마리밖에 잡지 못한 걸 보고 덕만 아저씨가 끌끌 혀를 찼다.

"하도 농약을 쳐서 메뚜기도 씨가 말랐구먼. 그 독한 농약에 메뚜기인들 배겨 내겠냐."

이맘때면 늘 메뚜기를 잡아 간장에 볶아 먹었다. 그 짭조름하고 고소한 메뚜기를 먹을 수 없다니, 아쉽기만 하다.

1974년 10월 16일

"아이고, 이놈의 세상! 왜 이리 살기가 힘든겨."

저녁때 술에 취해 들어온 아버지가 한숨을 내쉬었다. 그러더니 내 손을 잡고 푸념했다.

"명란아, 미안혀. 백날 농사지어 봐야 빚만 늘고, 네 오라비 등록금 대기도 벅차구나. 너한테 잘해 줘야 허는디……. 미안허다, 미안혀."

자꾸만 미안하다고 말하는 아버지의 모습이 쓸쓸해 보였다.

가난한 집안 사정은 생각지 않고 공부를 계속하려는 내가 욕심쟁이일까. 국민학교만 졸업하고 언니들처럼 돈을 버는 게 맞지 않을까. 생각할수록 골치만 딱딱 아프다. 자고 일어나서 다시 생각해 봐야겠다.

농업의 발달

농업은 오랜 세월에 걸쳐 점차 발달했다. 그러나 식량은 늘 부족했다. 1970년대 후반에 와서야 우리나라 사람들은 쌀 부족 문제에서 벗어날 수 있게 되었다.

남의 땅을 빌려서 농사를 짓는 농민들은 수확의 대부분을 땅 주인에게 내야 했다. 1950년에 이르러 정부는 농사를 짓는 농민들만 땅을 갖게 하는 **토지 개혁**을 실시했다.

가을: 벼 수확　겨울: 쌀 소비　봄: 보릿고개　여름: 보리 수확

식량이 가장 부족한 때는 가을에 수확한 벼를 겨우내 다 먹고 난 뒤의 봄이었다. 이때를 **보릿고개**라고 했다.

1970년대 초에 보급된 **통일벼**는 일반 벼보다 수확량이 많아 쌀 부족 문제를 해결해 주었다.

일반 벼　통일벼　통일벼를 사들이는 정부 관리

국민 교육 헌장 외우기

1974년 11월 18일

"우리는 민족 중흥의 역사적 사명을 띠고 이 땅에 태어났다. 조상의 빛난 얼을 오늘에 되살려……."

오늘은 쉬는 시간이 좀 소란스러웠다. 국민 교육 헌장을 외우느라 중얼거리는 아이들 때문이었다. 여기서도 중얼중얼, 저기서도 중얼중얼…….

선생님이 국민 교육 헌장을 오늘까지 못 외우면 집에 보내 주지 않겠다고 며칠 전부터 엄포를 놓은 탓이었다. 아직 못 외운 아이들은 운동장에 나가 놀지도 못하고 중얼거리느라 정신이 없었다.

"명란젓, 넌 다 외웠지?"

치봉이가 좀 울상이 돼서 물었다.

"응, 거의 다 외웠어."

사실 나는 며칠 전에 다 외워 놓았다. 종민이가 잘 외우도록 도와주다가 저절로 달달 외워 버렸다.

"좋겄다. 지난번에 내가 쥐 꼬리 숙제 해 줬으니께 이번에는 네가 좀 해 줘라."

"야, 넌 말이 되는 소리를 혀라. 머릿속에 외워 놓은 걸 꺼내 주기라도 혀?"

"하도 안 외워지니께 답답해서 해 본 소리여. 국기에 대한 맹세는 금시 외웠는디, 국민 교육 헌장은 죽어도 안 외워져. 너무 길고 뭔 말인지도 통 모르겄어."

치봉이가 투덜거렸다.

"투덜거릴 시간에 얼른 한 줄이라도 더 외워. 그러다가 너 오늘 진짜 집에 못 간다."

"그려, 오늘 내 손바닥 불나게 생겼다."

치봉이는 울상이 돼서 자기 자리로 갔다.

마지막 시간, 선생님이 한 사람씩 국민 교육 헌장을 외우게 했다. 치봉이는 더듬거리면서 겨우겨우 외워 가다가 중간쯤에서 덜컥 막혀 버렸다.

"우리의 창의와 협력을 바탕으로 나라가 발전하며…… 나라의 융성이…… 나의 발전의 근본임을 깨달아…… 깨달아……."

치봉이는 더 이상 생각이 안 나는지 머리를 긁적이면서 고개를 떨어뜨렸고, 방과 후에 남아야 할 네 사람 가운데 하나가 되고 말았다. 걸핏하면 나를 놀려 먹더니 쌤통이라는 생각도 들었지만, 쥐 꼬리 숙제 해 준 걸 생각하면 안타까운 마음도 들었다.

치봉이는 아마 선생님한테 손바닥을 맞아 가며 국민 교육 헌장을 외웠을 거다.

못 외워서 아직도 교실에 남아 있는 건 아닐 테지. 이 밤중까지, 설마.

국민 의식 교육

경제가 발전하면서 사람들의 생각도 제각각으로 다양해지고 빈부 격차도 심해졌다. 그래서 국가에서는 개인보다 나라를 더 위해야 한다는 국민 의식을 강조했다.

국민 교육 헌장 그림책

국가를 위해 개인이 헌신해야 한다는 내용을 담은 **국민 교육 헌장**을 만들어 모든 학생들이 외우게 했다.

국민 교육 헌장 실천 기록장

국가에 대한 충성심을 심어 주기 위해 매일 오후 6시에 **국기 하강식**을 했다. 태극기를 내릴 때 주변 사람들은 걸음을 멈추고 '국기에 대한 경례'를 해야 했다.

유신 헌법 찬반 선거

1975년 1월 29일

선생님이 갑작스레 우리 집에 가정 방문을 왔다. 다른 아이들 집에 먼저 들렀는지 미양이와 종숙이도 선생님을 따라왔다.

"아이고, 대접할 게 아무것도 없어서……."

엄마랑 아버지는 당황해서 어쩔 줄 몰랐다.

"괜찮습니다. 제가 가정 방문을 온 건 이번 국민 투표에 꼭 참여해 달라고 부탁드리기 위해섭니다."

"아, 예! 걱정 마셔유. 꼭 투표하겠시유."

아버지가 허리를 굽히며 말했다.

내년 2월 12일에 유신 헌법에 찬성하는지 반대하는지를 묻는 국민 투표를 한다. 만약 반대가 더 많으면 유신 헌법을 바꾸고 대통령도 물러난다고 한다. 유신 헌법을 바꾸라고 주장하는 사람이 많아서 대통령이 국민 투표를 하기로 결정을 내렸다고 한다.

참 이상하다. 학교에서 유신 헌법은 남북으로 갈라진 우리나라에 딱 맞는 헌법이라고 배웠다. 그런데 왜 많은 사람들이 유신 헌법에 반대하는 걸까? 그 사람들한테는 나라를 위하는 마음이 없기 때문일까?

우리는 선생님과 함께 이장 아저씨네 집으로 갔다. 거기에 우리 반 아이들이 벌써 여럿 모여 있었다.

선생님은 우리에게 노래를 가르쳐 주었다. 「파랑새」 가락에 가사만 바꾼 좀 특이한 노래였다. 제목은 「유신새야」.

새야 새야 유신새야 푸른 창공 높이 날아
조국 중흥 이룩하고 자주 통일 달성하자.
새야 새야 유신새야 너도나도 잘살자는
유신 헌법 고수하며 국력 배양 이룩하자.
유신 유신 우리 유신 우리 살림 오직 유신
유신 체제 반대하면 붉은 마수 밀려온다.

유신 헌법은 좋은 거고 꼭 필요하다는 내용이었다. 노래를 몇 번 되풀이해서 부르고 난 뒤에 선생님이 말했다.

"이 노래는 나라를 위하고 유신 헌법을 지키자는 좋은 뜻을 담고 있어. 그러니까 오늘 참석하지 못한 친구들한테도 가르쳐 주고, 열심히 부르도록. 알겠나?"

우리는 일제히 "네." 하고 대답했다. 하지만 우리가 이 노래를 일부러 열심히 부를 것 같지는 않다.

박정희 대통령과 유신 헌법

1961년 5월 16일, 박정희를 비롯한 군인들이 무력으로 대통령을 몰아내고 권력을 잡았다.

나라의 지도자를 뽑기 위해서는 꼭 선거를 치러야 한다. 그러나 1961년에 박정희를 비롯한 군인들은 선거 없이 정권을 빼앗는 **군사 쿠데타**를 일으켰다.

박정희는 1963년에 치른 대통령 선거에 당선되었다. **박정희 대통령**은 혼란한 정치를 바로잡고 국민들을 잘살게 해 주겠다고 약속했다.

1972년, 박정희 대통령은 나라를 지키고 경제를 발전시키기 위해서라며 민주주의 제도를 제한하는 **유신 헌법**을 만들었다.

서울 가기 작전

1975년 2월 6일

며칠 뒤면 설이다. 설이라 특별히 좋을 건 없다. 이것 저것 먹을거리는 있겠지만, 여느 해처럼 막내아들이라고 종민이한테만 세뱃돈을 줄 거다. 나도 세뱃돈을 받고 싶다. 그런 내 마음을 아무도 안 알아준다.

별로 기쁠 것도 없는 설이지만 그래도 설을 기다리는 까닭은 큰언니가 오기 때문이다. 대학생 오빠는 공부한다고 못 오고, 작은언니는 버스 안내양이라서 못 오지만, 큰언니는 명절마다 꼭 집에 온다. 큰언니가 오면 서울 이야기도 듣고, 수다도 실컷 떨어야지. 언제나 내 편인 큰언니가 나는 좋다.

1975년 2월 9일

오늘은 설 전전날. 버스 시각에 맞춰 신작로 정류장에 나가 큰언니를 기다렸다. 언니가 버스에서 내리자마자 나는 얼른 가방을 받아 들었다.

이런저런 얘기를 나누며 집으로 오다가 큰언니가 불쑥 말했다.

"명란아, 너 서울 가서 언니하고 같이 살자."

느닷없는 말에 놀라서 나는 걸음을 멈추고 큰언니를 빤히 쳐다보았다.

"왜, 싫어?"

"그게 아니고, 아버지가 허락할 리 없구먼."

"내가 아버지한테 너 중학교 보내자고 얘기할게. 아버지가 허락하지 않으면 그냥 서울로 가자. 그렇게라도 해야 공부를 계속할 수 있어."

나는 고개를 끄덕였다.

1975년 2월 11일

차례상을 물리고 나서 큰언니와 나, 종민이는 엄마 아버지에게 세배를 했다.

역시나 세뱃돈은 종민이한테만 주었다. 하지만 그게 문제가 아니었다.

큰언니가 아버지에게 대뜸 물었다.

"아버지, 명란이도 중학교 안 보낼 작정이세요?"

"갑자기 그건 왜 묻는겨?"

아버지가 무뚝뚝하게 되물었다.

"이제 여자도 공부해야 하는 시대예요. 학비는 제가 댈 테니, 명란이 중학교 보내 주세요."

"지금 너희들 버는 돈으로는 창민이 학비 대고 빚 갚기도 빠듯한데, 무슨 수로 명란이를 중학교에 보내겄냐. 아무리 시대가 달라졌다 해도 여자는 시집만 잘 가면 그만이여."

"지금은 여자라도 공부 안 하면 사람대접을 못 받는단 말이에요."

큰언니는 울먹일 듯 말했다. 나도 속이 부글부글 끓었다.

"안 된다면 안 되는 줄 알어! 우리 형편에 중학교는 무신!"

아버지는 벌컥 화를 냈다. 그런 아버지를 보면서 나는 서울로 갈 마음을 굳혔다.

서울로 모여든 사람들

서울로 사람들이 모여든 것은 조선 시대 후기부터였다. 서울에는 일자리가 많았기 때문이다. 산업화가 이루어진 1960년대부터 1980년대까지 서울의 인구는 세 배로 늘어났다.

대부분의 사람들은 원래 시골에 살았다. 그러나 산업화를 거치는 동안 도시에 사는 사람이 더 많아졌다.

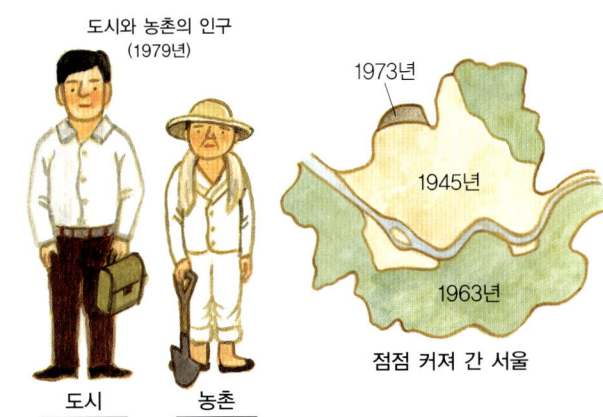

도시와 농촌의 인구 (1979년)
도시 2000만 명
농촌 1700만 명

점점 커져 간 서울
1973년
1945년
1963년

청계천 가에 늘어선 판잣집

서울에 온 농촌 사람들 가운데 가난한 사람들은 판자로 얼기설기 지은 판잣집에 사는 경우가 많았다.

서울에 온 명란

1975년 2월 23일

서울에 온 첫날이다. 지금 좁디좁은 방에 엎드려 오늘 일기를 쓰고 있다. 언니는 벽에 바짝 붙어 잠들었고, 오빠는 나무 상자로 만든 앉은뱅이책상에서 공부하고 있다.

서울 큰언니한테 왔지만 마음이 가볍지만은 않다. 아버지 몰래 집을 떠난 것도 마음에 걸리고, 걱정하던 엄마 얼굴도 눈에 밟힌다. 앞으로 여기서 지낼 일이 은근히 두렵기도 하다.

서울에 첫발을 딱 내디뎠을 때를 떠올리면 지금도 눈알이 핑글핑글 돈다. 고속버스가 서울로 들어설 무렵 멀미가 났다. 어질어질한 채로 고속버스 터미널에 내렸는데 사람이 정말 바글바글했다. 그 틈에서 마중 나오기로 한 큰언니를 찾을 수가 없었다.

"눈 감으면 코 베어 가는 데가 서울이여. 덜렁대지 말고 잘혀."

집 떠날 때 엄마가 한 말이 귓가에 맴돌면서 더럭 겁이 났다. 누가 꼭 채 갈 것만 같아서 가방을 가슴에 꼭 부둥켜안았다. 씩씩하고 겁 없고, 그게 좀 지나쳐서 엄마에게 잔소리까지 듣던 내가 서울에 와서 간데없는 어리보기에 겁먹은 병아리가 돼 버렸다. 나중에 큰언니

를 발견하고는 하도 반가워 눈물까지 찔끔 났다.

언니를 따라 가리봉동으로 가는 시내버스를 탔다. 버스에서 내다본 서울은 보고 듣던 대로 높은 빌딩과 수많은 자동차, 사람으로 넘쳤다.

버스를 내려 골목길로 들어서자 다닥다닥 붙어 있는 집들이 끝없이 이어졌다. 골목에는 미용실이며 만홧가게, 연탄 가게, 복덕방 같은 점방들이 늘어서 있었다.

언니는 구멍가게가 딸린 이층집 대문 앞에서 멈췄다.
"이 집이야. 가게는 주인아줌마가 하고 있어."

집이 2층인 데다 생각보다 무척 커서 놀랐다. 가운데에 작은 시멘트 마당이 있는 네모난 집인데, 1층과 2층에 빙 돌아가면서 일정한 간격으로 방문이 나 있었다. 꼭 무슨 감옥 같았다.

계단을 올라 2층 우리 방으로 들어섰다. 언니가 "방이 너무 좁지?" 하고 물었다. 나는 아무 대답도 하지 않았다. 아니라고 하기에는 정말 방이 너무 좁았다. 이 비좁은 방에서 세 명이 지낼 생각을 하니 살짝 한숨이 나왔다.

하지만 그런 불편함을 못 이겨 낼 내가 아니다. 편히 지내 보겠다고 서울에 온 건 아니니까.

도로와 교통의 발달

도시와 농촌을 오가는 사람들이 많아지고, 수출과 수입이 늘어나면서 사람과 상품을 실어 나르기 위한 도로와 교통이 발달했다.

경부 고속도로 준공 기념탑 모형

정부는 1970년 서울과 부산을 잇는 **경부 고속도로**를 건설했다. 고속도로는 자동차가 멈추지 않고 빨리 달릴 수 있어 편리했다.

버스 안내양

버스

택시

도시에서 출퇴근하는 노동자들이 늘어나자 버스, 지하철, 택시 같은 **대중교통**이 발달했다.

1974년에 우리나라 최초의 **지하철**이 탄생했다. 땅속 철길 위를 달리는 지하철은 정해진 시각에 많은 승객을 운송할 수 있었다.

서울 지하철 1호선

닭장집의 첫 아침

1975년 2월 24일

밤새 옹크린 채 칼잠을 자고 일어났더니 몸이 빳빳이 굳은 느낌이었다. 셋이 자기에는 방이 너무 비좁아서 몸을 제대로 뒤척이지 못한 탓이었다.

"어휴, 꼭 양계장 닭이 된 것 같아."

투덜투덜 혼잣말이 절로 튀어나왔다.

언니가 픽 웃었다.

"미리 얘기해 두는데, 사람들은 이 집을 닭장집이나 벌집이라고 불러. 좁은 방이 다닥다닥 붙어 있다고. 나중에 누가 너더러 닭장집에 산다고 말해도 충격 받지 마라."

언니는 농담처럼 한 말이었지만 좀 서글펐다. 사람이 사는 집을 닭장집이라고 하다니.

그런데 비좁은 방 따위는 문젯거리도 아니었다. 아침에 화장실 가려다가 기절할 뻔했다. 화장실 앞에 사람들이 죽 늘어서 있었다. 나는 곧장 언니한테 달려갔다.

"언니, 화장실 앞에 왜 줄을 서 있어?"

언니는 대수롭지 않다는 듯 말했다.

"아침엔 어쩔 수 없어. 너도 줄 서서 기다렸다가 볼일 봐."

이 집에는 방이 모두 스물세 개나 되는데 화장실은 달랑 하나다. 그러니 아침엔 줄을 서지 않고는 볼일을 볼 수 없다. 나는 공장에 다니는 다른 방 언니들, 오빠라고 해야 할지 아저씨라고 해야 할지 헷갈리는 남자들 틈에 한참을 서 있었다.

그런데 가게에 딸린 방에서 꽃무늬 잠옷을 입은 여자애가 나오더니 줄 맨 앞에 섰다. 새치기했다고 뭐라는 이도 없었다. 그런 얌체 짓을 두고 볼 내가 아니지.

"다들 줄 선 거 안 보여? 왜 줄을 안 서는 겨?"

"네가 뭔데 그래? 나는 원래 줄 안 서!"

그 애는 어이없다는 듯 나를 빤히 보더니 되레 큰소리를 쳤다. 때마침 화장실 안에 있던 사람이 나왔다. 그 애는 나를 힐끗 째려보고는 안으로 쏙 들어갔다.

내가 분해서 씩씩거리자 줄 서 있던 한 언니가 말해 주었다. 그 애가 주인집 딸이라고.

그 말을 듣고도 화가 풀리지 않았다. 주인집 딸이면 줄을 안 서도 되나?

닭장집

1970~80년대 서울 구로 공단 근처에는 아주 작은 방들이 다닥다닥 붙어 있는 집들이 많았다. 이를 '닭장집' 또는 '벌집'이라고 불렀다. 2평도 안 되는 작은 방에서 서너 명이 함께 살았다.

이곳에 주로 살던 여성 노동자들은 공장에서 일해 버는 돈을 시골의 가족들에게 부치거나 결혼 비용으로 저축했다.

서울, 환상이 깨지다

1975년 3월 3일

학교에 가는 첫날, 등굣길이 아이들로 새카맣게 뒤덮였다. 교문이 가까워지자 줄을 서서 가는 꼴이 돼버렸다. 서울 학교에 아이들이 많다는 건 알았지만 이 정도일 줄이야!

교실에 들어가서는 더 놀랐다. 교실을 왜 '콩나물시루'라고 하는지 알 것 같았다. 교탁에서 맨 뒤까지 책걸상이 꽉 들어차서 빈 곳이 거의 없었다. 우리 반은 자그마치 78명이었다.

아이들은 끼리끼리 모여 앉아 장난치고 떠들었다. 나한테는 말을 거는 애도 없었고, 내가 말을 걸 애도 없었다. 나는 그냥 꿔다 놓은 보릿자루마냥 오도카니 앉아서 아이들을 살폈다. 서울 아이들은 하나같이 얼굴이 뽀얬다. 옷차림도 깔끔하고 세련돼 보였다. 그에 견주면 내 얼굴은 거뭇하고, 옷은 우중충했다. 시골에서 온 티가 풀풀 풍길 것만 같았다.

한 남자애가 못 보던 얼굴이라 궁금했는지 나한테 "넌 5학년 때 몇 반이었어?" 하고 물었다.

"시, 시방 나한테 물은겨? 난 이참에 전학 왔는디."

갑작스런 물음에 나는 당황해서 약간 더듬듯 말했다. 와르르 웃음이 터졌다. 나한테 물어본 아이뿐만 아니라 주위에 있던 애들이 다 웃었다. 나는 아이들이 왜 웃는지 몰라 두리번거렸다.

"야, 시방이래, 시방."

"시방이 무슨 말인데?"

"사투리잖아. 우리 할머니가 쓰는 말이야."

나는 창피해서 얼굴이 화끈거렸다. 그런데 진짜 놀랄 일은 그다음에 일어났다.

"얘 얼마 전에 시골에서 올라왔어."

어떤 여자애가 불쑥 나타나서 이렇게 말했다.

"채은이 네가 그걸 어떻게 알아?"

"우리 집에 세 들어 사니까 알지."

채은이라는 애는 화장실 앞에서 만났던 주인집 딸이었다. 아, 걔를 교실에서 다시 만나게 될 줄이야. 16반까지나 있는데 하필이면 우리 반이라니, 정말 재수 옴 붙었다.

그렇게 나는 전학한 첫날부터 '시방이'라는 별명이 붙었다. 시방이라니, 차라리 명란젓이 백배 낫겠다.

오늘 일을 떠올리자니 엄마가 보고 싶고 시골 우리 집이 그립다. 미양이하고 종숙이는 내가 없어도 재미나게 지내고 있겠지. 날 그렇게 놀려 먹던 치봉이마저 보고 싶다.

몇몇 남자애들은 학교 끝나고 집에 가는 길에도 끈질기게 '시방이'라고 나를 놀렸다. 내가 만만치 않은 애라는 걸 아직 모르는 모양이다. 치, 어디 두고 보라지.

다행히 짝꿍 은경이는 착한 애 같다. 얌전하고 말수가 적어서 속은 잘 모르겠지만 나를 보고 자꾸 웃는다. 그것만도 고맙다.

콩나물시루 교실

서울을 비롯한 도시로 사람들이 몰리면서 학교에는 학생들이 무척 늘어났다. 반대로 농촌 학교에는 학생들이 점점 줄어들었다.

한 교실에 60명 넘는 학생들이 빼곡이 앉아있어 '콩나물시루 교실'이라고도 했다.

큰언니의 고된 생활

1975년 3월 13일

밤이 깊었다. 아직 언니가 오지 않았다. 언니는 며칠째 12시 통행금지 시간이 다 돼서 들어왔다. 공장 일이 많아서 잔업을 하느라 그렇단다.

오빠도 학교 도서관에서 공부하고 밤 10시가 넘어야 들어온다. 오빠는 집에 와서도 또 공부다. 꼭 공부하는 기계 같다. 아버지는 오빠만 보면 "너는 우리 집안의 기둥이여."라고 입이 닳도록 말했다. 그 소리를 귀에 못이 박히게 들어서 그런가, 우리 오빠는 공부밖에 모르는 재미없고 딱딱한 법대생이다.

11시 반이 넘어가고 있다. 통행금지 시간을 넘기면 파출소로 붙잡혀 갈 텐데…….

"명란아, 늦었는데 일기 다 썼으면 얼른 자라. 누나 마중 나갔다 올게."

오빠도 나처럼 걱정이 되는지 외투를 걸치고 밖으로 나갔다.

아함, 졸려서 하품이 연거푸 나온다. 안 되겠다. 오늘 일기는 여기까지만.

1975년 3월 14일

간밤에 언니 걱정을 하다 잠들어서 그런지 아침에 자명종이 울리기도 전에 깼다. 다행히 통행금지에는 걸리지 않았는지 언니가 옆에서 코까지 골며 곯아떨어져 있었다.

나는 언니를 조금 더 자게 하려고 밥을 안치고, 김치를 쫑쫑 썰고 콩나물을 다듬어 김치콩나물국을 끓였다. 철든다는 게 이런 걸까 하는 생각이 들었다.

거기까지는 좋았는데, 학교에 가서 문제가 생겼다는 것을 알았다. 아침에 밥 안칠 때 보리쌀 섞는 걸 깜빡한 거다. 안 하던 짓을 하면 꼭 문제가 생긴다더니, 철이 들기는 무슨……. 덤벙대다 일을 망치는 왈가닥일 뿐이지.

꼼짝없이 손바닥을 맞게 생겼다. 전학 온 지 얼마 되지도 않아 이게 무슨 창피인가. 그런데 얌전하기만 한 짝꿍 은경이가 자기 도시락의 보리를 내 도시락으로 옮기자고 했다. 나는 얼씨구나 하고 은경이 도시락의 보리를 내 도시락으로 옮겼다.

도시락 검사 때, 들킬까 봐 가슴이 콩닥거렸다. 아니나 다를까, 선생님이 범인을 조사하는 형사처럼 싸늘한 목소리로 말했다.

"너희는 보리가 너무 적은데……. 밥을 뒤집어 봐."

순간, 눈앞이 하얘졌다. 은경이의 가는 한숨 소리도

피르르 들려왔다.

그렇게 진실은 홀랑 밝혀졌다. 은경이와 나는 손바닥을 세 대씩 맞았다. 우리는 손바닥을 맞고도 유리창 청소를 하라는 벌을 덤으로 받았다. 유리창을 맑게 닦으면서 마음까지 맑게 닦으라는 말씀과 함께.

"그래도 화장실 청소가 아니라 다행이여."

"맞아, 그랬으면 지금쯤 코를 막고 있을 텐데."

은경이와 나는 킥킥거리며 유리창을 닦았다. 벌을 받고 있는데도 기분은 상쾌했다.

달라진 식생활

정부에서는 부족한 쌀을 아끼기 위해 밥에 보리를 섞어 먹거나(혼식), 밀가루 음식(분식)을 먹으라는 '혼분식 장려 정책'을 폈다. 또한 빵이나 우유를 학교 급식으로 신청해 도시락 대신 먹기도 했다.

서민들의 밥상에는 밥과 국, 채소 위주의 검소한 음식들이 올라왔다.

학생들은 점심 도시락을 싸 가지고 다녔다. 학교에서는 밥에 보리를 섞었는지 확인하기 위해 **도시락 검사**도 했다.

도시락

새로 나온 식품들

라면 통조림 잼 우유

외식할 때 어린이들이 가장 좋아한 음식은 **짜장면**이었다.

짜장면

골목 풍경

1975년 4월 7일

날이 따뜻해지면서 골목으로 나오는 사람이 부쩍 늘었다. 여러 차례 마주치다 보니 낯이 익은 어른들도 생겼다. 그런 만큼 인사할 일이 많아졌다.

그런데 주인집 아줌마, 그러니까 채은이 엄마는 아주 쌀쌀맞다. 집에서 마주치거나 가게에 갔을 때 인사를 해도 받는 둥 마는 둥 한다. 다른 손님들한테도 불퉁거리기 일쑤다. 방세를 밀린 사람들한테는 쌀쌀맞다 못해 매몰차다. 그 사람이 며칠만 기다려 달라고 사정하면 "내가 땅 파서 이 짓 하는 줄 알아? 방세 자꾸 밀리려면 아예 방을 빼든가!"라고 말한다. 그 비슷한 말을 벌써 몇 번 들었다. 야박하게 구는 아줌마를 보면 놀부나 뺑덕어멈이 떠오른다. 그러고 보니 채은이는 팥쥐를 닮았다, 히히.

주인집 아줌마 인심이 사나워서 그런지 동네 아줌마들은 가게보다 미용실 앞 평상에 잘 모인다. 아줌마들은 거기서 수다를 떨고, 봉투 붙이기나 구슬 꿰기 같은 부업을 한다. 아줌마들 중에 파마머리가 유난히 꼬불거리는 꼬불 아줌마는 나를 무척 안쓰러워한다. 어린 나이에 엄마와 떨어져 사는 게 마음이 짠하다는 거다.

꼬불 아줌마 남편은 사우디아라비아에 건설 근로자로 갔고, 아줌마는 지금 어린 두 아이와 살고 있다.

"영미 엄마는 남편이 사우디에서 꼬박꼬박 돈 부쳐 주는데, 이런 부업은 뭐하러 해."

"애들 아빠가 그 뜨거운 나라에서 고생하고 있는데, 나만 편히 지낼 수 있나요. 한 푼이라도 보태서 애들 아빠 돌아오면 코딱지만 한 집이라도 장만해야죠."

꼬불 아줌마는 부업거리를 잠시도 손에서 놓지 않는다. 아줌마는 머지않아 집을 장만할 수 있을 거다.

술 취한 얼굴로 늘 골목을 서성이는 딸기코 아저씨가 며칠 동안 보이지 않았는데, 오늘 가게에서 술을 사서 나오는 걸 봤다. 동네 아줌마들은 아저씨가 월남전에 나갔다가 오른팔을 잃은 뒤로 변변한 직업 없이 늘 술로 세월을 보낸다고 했다.

그런데 얼마 전에 아저씨가 술 마시면서 대통령 욕을

골목의 이웃들

1970년대의 도시에는 시골에서 이사 온 사람들이 많았기 때문에 이웃끼리 서로 알고 지냈으며 인정이 많았다.

평상에 모여 앉은 동네 주민들

상이군인

아이들은 무리 지어 골목을 뛰어다니며 밤늦도록 놀았다.

주택가 골목에는 여러 가게들이 있었고, 사람들은 단골 가게를 정해 놓고 이용했다.

엿장수

했는데, 그걸 누가 듣고는 경찰에 신고해 버렸다는 거다.

"그나마 월남전 참전 군인이라 사흘 만에 풀려난 거지. 아니면 진짜 큰일났을걸."

"맞아요. 다른 사람 같으면 어떻게 됐을지 누가 알아요. 다들 입조심해야 해요."

아줌마들이 쉬쉬하면서 한 얘기였다. 왠지 등골이 오싹했다.

다른 세상

1975년 4월 21일

시험 점수가 나왔다. 등수를 확인하고는 꺅! 비명이라도 지르고 싶은 심정이었다. 10등 안에도 들지 못했다. 공부를 한다고 했는데도 이랬다. 서울 애들이 공부를 잘하긴 잘하나 보다. 공부하겠다고 서울로 왔는데 이 정도밖에 못했다는 생각이 나서 우울했다.

"명란아, 그 정도면 잘했는데 왜 그래?"

은경이가 속상해하는 나를 이상하다는 듯 쳐다봤다. 내가 공부를 아주 잘해야 한다는 걸 은경이가 알 리 없었다.

"오늘 우리 집에 놀러 가지 않을래?"

은경이가 우울한 내 마음을 달래 주려 그러는 것 같았다. 친구 집에 놀러 갈 기분은 아니었지만, 아무도 없는 집으로 가고 싶지도 않아서 그러자고 했다.

수업이 끝나고 은경이랑 교문을 나서는데 채은이가 다가왔다.

"은경아, 쟤랑 어디 가니?"

"우리 집에 놀러 가는 거야."

순간, 채은이 얼굴이 우그러졌다. 원래 채은이와 은경이는 가까운 사이였다. 채은이는 은경이와 내가 친하게 지내는 게 싫은 모양이었다.

"흥, 어디 잘들 놀아 보셔!"

채은이는 비아냥거리더니 획 돌아서서 가 버렸다.

은경이네 집은 우리 집과 방향이 달랐다. 닭장집이 아닌 그냥 집들이 들어서 있는 거리를 지나자, 눈앞에 우뚝 아파트가 나타났다.

은경이네 집에는 텔레비전은 물론이고 냉장고, 세탁기, 전축, 피아노까지 정말 없는 게 없었다. 소시지나 달걀부침 같은 도시락 반찬을 싸 와서 잘사는 집 애일 거라고 짐작은 했지만 이 정도인 줄은 몰랐다. 채은이네는 댈 것도 아니었다.

은경이 방 책꽂이에는 세계 명작 동화 같은 책들은 물론이고, 전과며 수련장 같은 참고서에 어린이 잡지까지 월별로 가지런히 꽂혀 있었다. 나는 최신호 잡지를 빼서 막 읽었다.

은경이 엄마는 외출 중이었고, 식모 언니가 쟁반에 과자와 음료수를 가져다주었다.

"또 필요한 거 있으면 불러."

식모 언니가 방을 나가면서 말했다. 그 언니를 보자 괜스레 마음이 찡했다. 큰언니도 공장에 들어가기 전 2, 3년 동안 식모살이를 했다는 게 생각났다.

은경이네 아버지는 뭘 하는 사람이기에 이렇게 잘사는 걸까 하고 궁금증이 일었다. 하지만 은경이한테 그걸 묻지는 않았다.

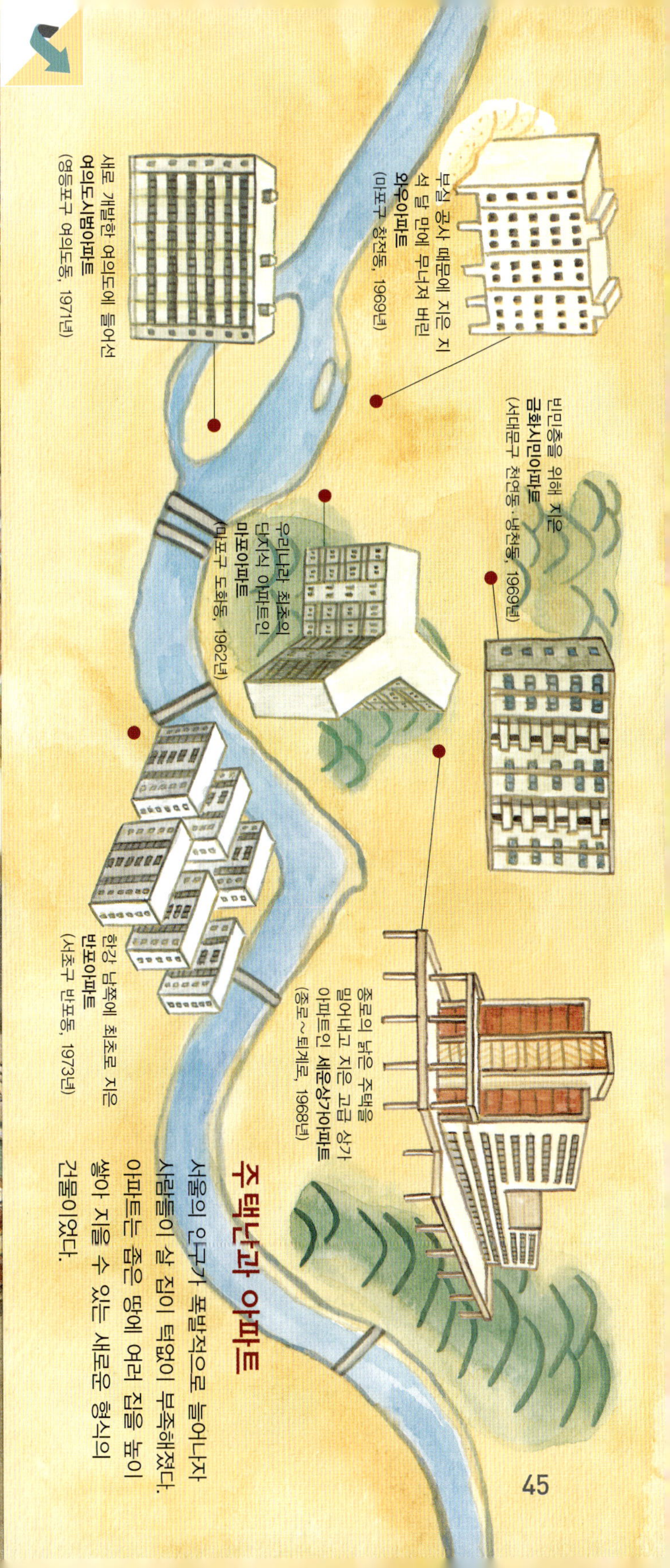

주택난과 아파트

서울의 인구가 폭발적으로 늘어나자 사람들이 살 집이 턱없이 부족해졌다. 아파트는 좁은 땅에 여러 집을 높이 쌓아 지을 수 있는 새로운 형식의 건물이었다.

부실 공사 때문에 지은 지 넉 달 만에 무너져 버린
와우아파트
(마포구 창전동, 1969년)

빈민층을 위해 지은
금화시민아파트
(서대문구 천연동·냉천동, 1969년)

우리나라 최초의 단지식 아파트인
마포아파트
(마포구 도화동, 1962년)

한강 남쪽에 최초로 지은
반포아파트
(서초구 반포동, 1973년)

새로 개발한 여의도에 들어선
여의도시범아파트
(영등포구 여의도동, 1971년)

종로의 낡은 주택을 밀어내고 지은 고급 상가 아파트이자 아파트의
세운상가아파트
(종로~퇴계로, 1968년)

멋진 오빠

1975년 4월 22일

오늘부터는 활갯짓하면서 자도 된다. 오빠 친구가 자취방을 우리 옆방으로 옮기면서 오빠도 거기서 지내기로 했기 때문이다.

아침나절에 민혁 오빠가 이사를 왔다. 이삿짐은 앉은뱅이책상과 비키니 옷장, 라디오와 책 정도였다. 우리처럼 단출한 살림살이인데, 기타가 눈에 띄었다.

"네가 말로만 듣던 명란이구나."

민혁 오빠가 스스럼없이 말을 걸어왔다. 나는 공연히 부끄러워서 "안녕하세요." 하고 겨우 인사했다. 나같은 왈가닥이 그렇게 부끄럼을 타다니, 지금 생각해도 안 어울린다.

오빠와 민혁 오빠가 짐을 날랐고, 나도 작은 상자며 그릇들을 날랐다. 민혁 오빠는 수고했다며 특별 요리를 해 주겠다고 큰소리쳤다. 그래 놓고 라면을 끓였다.

오빠가 "특별 요리가 겨우 라면이냐?" 하며 핀잔을 주자, 민혁 오빠는 "특별히 달걀을 풀었으니 특별 요리는 특별 요리지."라며 킬킬 웃었다.

민혁 오빠는 잘 웃고 농담도 잘한다. 처음 만났는데도 우리 오빠보다 더 우리 오빠 같다.

1975년 4월 27일

산수(수학) 숙제를 하는데 문제가 영 어려웠다. 오빠한테 물어보려고 옆방으로 건너갔다.

오빠는 책을 보고 있고, 민혁 오빠는 기타를 치며 나지막이 노래를 부르고 있었다.

"긴 밤 지새우고 풀잎마다 맺힌 진주보다 더 고운 아침 이슬처럼……."

나는 가만히 앉아 노래에 귀를 기울였다. 민혁 오빠가 노래를 멈추고는 "좋지?" 하고 물었다. 내가 고개를 끄덕이자 "가르쳐 줄 테니 따라 해 봐." 하면서 기타 줄을 띠리링 튕겼다.

그러자 오빠가 얼굴을 찡그리며 말했다.

"애한테 그런 노래를 가르쳐 줘서 어쩌려고?"

민혁 오빠가 기타에서 손을 떼며 말했다.

"어쩌긴 뭘, 좋은 노래니까 알려 주는 거지."

"이 노래는 금지곡이잖아."

"넌 이 노래가 금지곡이라는 게 말이 된다고 생각해?"

"말이 안 된다는 건 나도 알아. 하지만 정부에서 금지곡으로 정한 걸 어쩌겠어."

"잘못된 건 바꿔야지. 넌 유신 헌법, 긴급 조치가 판치는 이런 세상에 살고 싶어?"

"문제가 있기는 하지만 우리가 뭘 어쩌겠어?"

"너처럼 생각하고 가만있는 사람이 많으면 세상은 절대 바뀌지 않아!"

민혁 오빠의 목청이 높아졌다.

오빠와 민혁 오빠는 그때부터 심각하게 얘기를 나누었다. 세상이 잘못됐으니 바로잡아야 한다는 민혁 오빠와 어쩔 수 없다는 오빠의 생각은 좀처럼 거리가 좁혀지지 않았다. 산수 문제 물어보러 갔다가 더 어려운 이야기만 잔뜩 듣고 와 버렸다.

1970년대의 대중문화

라디오와 텔레비전이 많이 보급되면서 보통 사람들도 다양한 노래와 영화, 드라마 들을 즐길 수 있게 되었다.

김민기의 앨범

가수 양희은

사람들은 **통기타 음악**을 즐겨 들었다. 어떤 노래들은 정부가 **금지곡**으로 정해 듣지도 부르지도 못하게 했다.

밖에서도 음악을 들을 수 있는 야외 전축

1970년대 청년들 사이에서는 머리를 길게 기른 **장발**에 **청바지**를 입고 **통기타**를 치는 문화가 유행했다.

소풍날의 싸움

1975년 4월 29일

시골에서는 늘 산이나 냇가로 소풍을 갔다. 그런데 동물원과 놀이공원이 있는 어린이대공원으로 소풍을 가다니! 미양이랑 종숙이한테 편지로 자랑하고 싶다. 종민이한테는 얘기하면 너무 부러워서 울지도 모른다.

코끼리와 사자, 원숭이 같은 동물도 신기했지만, 놀이 기구가 거의 까무러칠 만큼 재밌었다. 청룡열차는 정말 오싹, 짜릿, 심장이 오그라들게 만들었다. 내리막을 내달릴 때는 얼마나 꺅꺅 소리를 질러 댔는지 지금까지 목이 칼칼하다.

소풍이 다 즐겁기만 했던 건 아니다. 점심시간에 은경이, 은경이와 친한 미령이, 애진이와 함께 벤치에서 도시락을 먹었다. 그런데 채은이가 잔뜩 뿔이 난 표정으로 다가오더니 다짜고짜 세 친구를 몰아세웠다.

"야, 너희들 정말 얘랑 계속 놀 거야? 이렇게 나를 배신할 거냐구?"

세 친구는 나를 보다가 채은이를 보다가 하면서 어쩔 줄 몰라 했다. 채은이는 자기랑 친한 애들이 나랑 잘 지내는 꼴을 봐 줄 수가 없었던 거다.

"너도 우리하고 같이 놀면 되잖아."

미령이가 좀 자신 없다는 투로 말했다.

"맞아, 같이 놀면 되지."

은경이가 맞장구를 쳤다.

"야, 내가 저런 촌뜨기에다 공순이 동생이랑 놀 거

같아?"

채은이 입에서 불쑥 튀어나온 말이었다.

"뭐, 공순이? 그려, 나 공순이 동생이여! 그러는 넌 못돼 먹은 구멍가게 딸밖에 더 돼?"

나는 발딱 일어나서 숨 쉴 틈도 주지 않고 쏘아붙였고, 험악한 말싸움이 이어졌다. 그때 오간 말들은 여기에 적고 싶지도 않다.

공장 다니는 사람을 공돌이, 공순이라고 얕잡아 본다는 건 나도 알고 있다. 그런데 대놓고 그러다니. 나를 촌뜨기 취급한 건 그냥 넘길 수 있지만, 언니를 모욕한 건 참을 수 없었다. 배우지 않으면 사람대접 못 받는다던 언니의 말뜻을 확실히 알 것 같았다.

채은이는 요즘 들어 나한테 부쩍 더 심통을 부린다. 혹시 민혁 오빠 때문일까. 채은이는 민혁 오빠를 인기 가수나 영화배우 좋아하듯 한다. 그런데 민혁 오빠가 나를 친동생처럼 대해 주니까 샘이 나는 모양이다. 참, 나더러 뭘 어쩌라고.

어린이대공원

1973년 5월 5일 어린이날, 서울 능동에 동양에서 가장 규모가 큰 어린이대공원이 문을 열었다. 어린이대공원에는 여러 가지 놀이 기구를 갖춘 놀이동산과 동물원, 식물원이 있었다.

팔각당
청룡열차
허니문카
모노레일카

언니의 가계부

1975년 5월 12일
친구들이 여럿 생겼다. 아직도 나를 '시방이'라고 놀리는 남자애가 두엇 있기는 하다. 하지만 허구한 날 치봉이한테 명란젓이라고 놀림을 받아 봐서 그런지 그쯤은 대수롭지 않다.

친구들이 생기면서 고민도 생겼다. 친구들과 어울리다 보면 군것질을 하게 된다. 그러려면 용돈이 필요한데, 나는 언니한테 따로 용돈을 받지 않는다.

용돈이 없으니 친구들하고 어울리기가 어렵다. 한두 번이면 모를까, 자꾸 얻어먹을 순 없다. 미안하기도 하고 자존심도 상한다. 집에 얼른 가야 한다는 핑계를 대고 집으로 온 적도 있다. 언니한테 용돈 좀 달라고 얘기해 봐야겠다.

1975년 5월 14일
용돈 달라는 얘기는 꺼내지도 못했다. 언니 가계부 때문이다. 어제 학교에서 돌아왔더니 앉은뱅이책상 위에 가계부가 있길래 무심코 들추어 보았다. 가계부의 촘촘한 칸에는 숫자들이 꼼꼼히 적혀 있었다. 아버지한테 보낸 돈, 방세, 연탄값, 오빠 용돈, 식비, 내 학용품 값까지 다 적혀 있는데, 남는 돈이 거의 없었다. 어느 달에는 돈이 부족하기도 했다. 그걸 보니 용돈 좀 달라고 할 생각이 머릿속으로 쏙 기어 들어갔다.

언니는 잠도 제대로 못 자고 고생고생하며 돈을 버는데, 그 돈을 타 내서 군것질이나 하려 든 내가 양심 없어 보였다. 가계부를 못 봐서 용돈을 달라고 했더라면 큰일 날 뻔했다.

1975년 5월 16일
10년에 한 번 떠오를까 말까 한 좋은 생각이 났다. 키키키, 역시 나는 천재!

오늘도 미용실 앞 평상에서 아줌마들이 부업을 하고 있었다. 보통은 봉투 붙이기나 구슬 꿰기를 하는데, 오늘은 곰 인형 눈알 붙이는 일이었다. 좋은 생각이 퍼뜩 떠오른 건 그 곰 인형을 보면서였다.

나는 좀 흥분해서 "아줌니, 저도 그 부업 좀 하면 안 돼유?" 하고 대뜸 물었다.

"에이, 어린애가 무슨 부업이야. 그리고 온종일 눈 빠지게 해 봐야 얼마 못 벌어."

꼬불 아줌마가 손사래를 쳤다.

"지는 아주 조금만 벌어도 괜찮어유."

"왜, 과자 사 먹으려고?"

미용실 아줌마가 웃으며 물었다.

"아유, 명란이가 어디 그럴 애예요. 고생하는 언니 도우려는 거겠지."

미용실 아줌마 말이 딱 맞는데, 꼬불 아줌마는 나를 좋게만 보려 든다.

"내 일거리에서 조금 덜어다가 해 볼래?"

꼬불 아줌마가 종이 가방에 곰 인형을 가득 담고 인형 눈알도 한 봉지 주었다.

집에 오자마자 나는 방바닥에 곰 인형을 쏟아 놓고 눈알을 붙였다. 붙이고 붙이고 또 붙였다. 그러다 지쳐서 엎드려 있다가 깜빡 잠이 들었다.

밤늦게 공장에서 돌아온 언니가 나를 깨우고는 물었다.

"이게 다 뭐라니?"

푸시시 일어나면서 나도 모르게 이런 말이 나왔다.

"아이고, 돈 벌기 정말 쉽지 않구먼!"

명동 거리 구경

1975년 5월 25일

오늘 우리 사 남매가 모두 명동에 모였다. 작은언니가 시내버스 안내양이라 기숙사에서 지내기 때문에 그동안 볼 수가 없었던 것이다.

"명란아, 너 언제 이렇게 컸냐? 서울 밥이 좋긴 좋은가 보다!"

작은언니는 만나자마자 내 손을 쥐고 폴짝폴짝 뛰면서 좋아했다.

일요일 명동 거리를 오가는 사람들은 다들 멋쟁이였다. 요즘 유행하는 나팔바지에 셔츠나 블라우스를 입은 여자들이 많았다. 뾰족구두에 미니스커트를 입은 여자들도 있었다.

우리는 상점의 옷, 구두, 가방, 액세서리 따위를 구경하며 걸어갔다. 내가 하도 오래 눈길을 주는 바람에 작은언니와 오빠가 번갈아 가면서 내 팔을 잡아끌어야 했다.

작은언니가 거리 가게에서 나비 모양 머리핀을 하나 사 주었다. 너무 예뻐서 꽂고 다닐 수나 있을지 모르겠다. 지금까지 검은 머리핀 말고는 꽂아 본 적이 없는데……

중국집에서 짜장면과 군만두를 먹고 남산에 올랐다. 작은언니는 케이블카를 타자고 했는데, 오빠가 멀쩡한 두 다리 놔두고 왜 돈을 쓰냐며 반대했다.

한참을 걸어 남산에 오른 우리는 팔각정 돌계단에 앉아 수다를 떨었다. 그러다가 문득 큰언니가 작은언니한테 물었다.

"요즘 안내양들 몸수색 당한다고 말들이 많던데, 넌 괜찮아?"

"괜찮긴. 만원 버스에서 시달리는 건 어쩔 수 없지만, 몸수색은 정말 못 견디겠어."

작은언니가 갑자기 울먹거렸다. 안내양이 손님한테 받은 요금을 가로챌까 봐 회사에서 몸수색을 한다는 거였다.

"뭐여, 작은언니를 도둑 취급한단 말이여?"

내가 콧김을 뿜으면서 씩씩댔지만 큰언니도 오빠도

뭐라고 대꾸가 없었다.

남산을 내려와 버스 정류장으로 가다가 오빠가 장발 단속에 걸렸다. 오빠는 바로 머리를 깎을 테니 봐달라고 통사정했지만 씨알도 먹히지 않았다.

오빠는 꼼짝없이 가위로 머리를 싹둑싹둑 잘리는 우스운 꼴을 당하고 말았다.

"머리를 기르건 자르건 무슨 상관이야. 이러고도 이 나라가 민주 국가야?"

오빠는 집으로 돌아오는 내내 분통을 터뜨렸다.

명동 거리

1960~70년대 서울 명동은 젊은이들의 패션과 문화의 거리였다. 명동에는 백화점 같은 여러 상점을 비롯해 통기타 가수가 노래하는 맥줏집도 있었다.

1970년에 코스모스백화점을 시작으로 해마다 여러 백화점들이 명동에 들어섰다.

통기타 가수

장발 단속

봉제 공장의 언니

1975년 6월 11일

큰언니가 사흘째 집에 오지 않았다. 철야 작업이 있으면 하루씩 집에 안 들어오기도 했지만, 연달아 사흘을 안 들어온 적은 없었다. 언니는 몸이 약해서 하룻밤 철야 작업에도 얼굴이 꺼칠해진다. 세수하다 코피를 쏟은 적도 있다. 그런데 사흘 동안 철야를 했으니 얼마나 피곤할까. 잠 안 오는 약까지 먹어 가면서 일한다던데, 그러다 큰 병이라도 나면 어쩌나.

오늘도 언니가 안 오면 내일은 공장에 찾아가 봐야겠다. 얼굴이라도 봐야 마음이 놓일 것 같다.

1975년 6월 12일

집에 오자마자 보자기에 속옷과 수건을 싸서 밖으로 나섰다. 근무 시간이라 그런지 공단 거리는 한산했다. 공장 정문이나 담벼락에는 '수출만이 살길이다', '싸우면서 일하고 일하면서 싸우자', '백억 불 수출, 천불 소득 달성' 같은 표어들이 붙어 있었다.

쭈뼛거리며 언니네 공장 정문을 들어서려는데 수위 아저씨가 어딜 가냐고 물었다. 언니한테 전해 줄 게 있어서 왔다고 했더니, 별 말 없이 들여보내 주었다.

공장 마당을 가로질러 작업장으로 들어가자 재봉틀 돌리는 소리가 들려왔다. 다들 일에 열중해서 눈 돌릴 틈도 없어 보였다. 누구한테 묻기도 어려워 두리번거리며 언니를 찾았다. 작업장이 넓은 데다 모두 똑같은

제복을 입고 있어서 누가 누군지 분간하기 어려웠다.

작업장을 한참 살피고 다닌 끝에야 겨우 언니를 찾았다. 언니는 피곤에 지친 얼굴에 먼지가 뽀얗게 앉은 부스스한 머리, 잠이 모자라 약간 게슴츠레해진 눈으로 재봉틀을 돌리고 있었다.

"명란아, 네가 여기 웬일이야?"

"그냥 걱정돼서……."

"수출 물량 맞춰야 해서 어쩔 수 없어. 학교 잘 다니고 있지?"

언니가 잠긴 목소리로 물었다.

"응. 그런디 잠은 좀 자고 일하는겨?"

"시간 날 때마다 잠깐씩 눈 붙이니까 괜찮아."

언니는 일손을 멈추지 않은 채로 말했다. 작업을 해서 다음 사람에게 넘겨줘야 하기 때문에 멈출 수 없는 모양이었다. 더 이야기를 나누고 어쩌고 할 분위기가 아니었다.

"언니, 여기 속옷하고 수건 싸 왔구먼."

"그래, 난 괜찮으니까 걱정하지 마."

나는 보따리를 바닥에 내려놓고 작업장을 나왔다.

집으로 돌아오는 내내 언니가 힘겹게 일하는 모습이 눈앞에 어른거렸다. 눈물이 나려고 해서 빨리빨리 걸었다.

수출로 일어난 경제

우리나라는 자원이 부족했지만 노동력은 풍부했다. 그래서 값싸고 질 좋은 물건을 만들어 외국에 내다 파는 수출로 경제를 발전시켰다.

수출이 크게 늘어나면서 우리나라의 산업이 빠른 속도로 발전했다. 외국 사람들은 이를 두고 **'한강의 기적'**이라고 불렀다.

주요 **수출 상품**은 옷, 신발, 가발, 라디오, 선풍기 등이었다.

옷   가발용 인조 머리카락

수출용 라디오

반공 웅변대회

1975년 6월 17일

오늘 반공 웅변대회가 열렸다. 강당에 전교생이 모인 가운데 학년 대표 연사들이 단상에 서서 저마다 열변을 토했다.

우리는 연사들이 하늘로 팔을 뻗고 큰 소리를 외칠 때마다 우레같이 박수를 쳤다. 그런데 비슷비슷한 말을 계속 듣고 있으려니 나중에는 지루해서 몸이 배배 꼬였다.

그러던 차에 우리 반 석태가 단상에 올라섰다.

"어린이 여러분! 북한 괴뢰 도당은 지금도 호시탐탐 우리나라를 집어삼킬 기회만 보고 있습니다. 저들의 침략을 막아 내기 위해서는 반공정신으로 똘똘 뭉쳐야 한다고, 이 연사 강력히 주장합니다!"

까불까불 장난을 많이 쳐서 선생님한테 단골로 혼나는 애가 엄숙한 목소리로 고래고래 소리 지르는 걸 보니 막 웃음이 터지려 했다. 그래도 아는 애가 나오니까 덜 지루했다.

6월은 6·25 전쟁이 일어난 달이라 반공 표어 짓기, 반공 웅변대회 같은 행사를 많이 한다. 내일은 미술 시간에 반공 포스터를 그린다는데, 뭘 그리지?

분단과 반공

우리나라는 한국 전쟁을 겪었기 때문에 북한과 평화적인 관계를 맺기가 어려웠다. 남한은 북한의 남침을 막는 안보와 북한을 반대하는 반공을 늘 강조했다.

원래 같은 나라였던 남한과 북한은 한국 전쟁 전후부터 지금까지 줄곧 **분단**되어 있다. 1970년대에 북한은 김일성 주석이, 남한은 박정희 대통령이 통치했다.

북한에서 살기 좋다고 스스로 선전하는 알림 쪽지인 **삐라**가 종종 넘어왔다. 정부는 삐라를 발견하는 즉시 신고하게 했다.

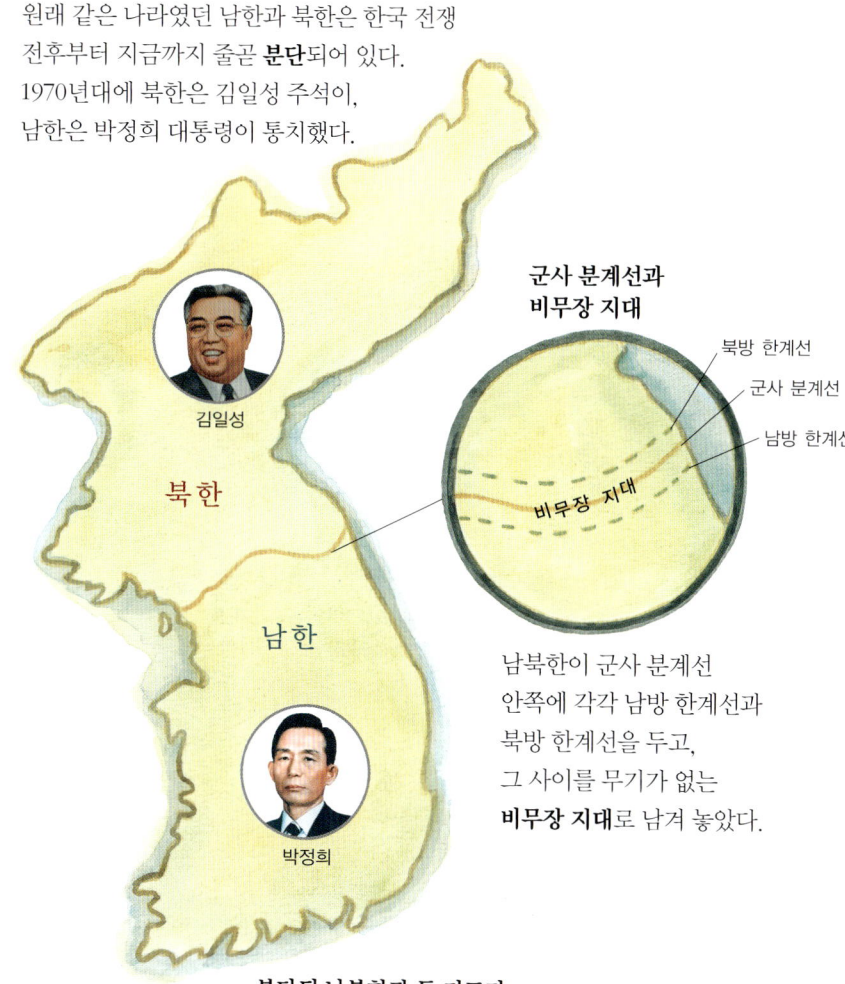

군사 분계선과 비무장 지대

북방 한계선
군사 분계선
남방 한계선
비무장 지대

남북한이 군사 분계선 안쪽에 각각 남방 한계선과 북방 한계선을 두고, 그 사이를 무기가 없는 **비무장 지대**로 남겨 놓았다.

분단된 남북한과 두 지도자

1969년부터 고등학교와 대학교에서 **교련**이라는 군사 교육을 시켰다.

교련복을 입고 나무총을 멘 고등학생

반공 리본

반공 이름표

정부에서는 전쟁이 났을 때 주민들이 스스로 제 고장을 지켜야 한다며 **향토 예비군**과 **민방위** 제도를 만들었다.

한밤의 발걸음 소리

1975년 6월 23일

날이 밝기 전, 이상한 발걸음 소리에 설핏 잠이 깼다. 껌껌해서 몇 시인지는 알 수 없었지만, 그 시각에 그렇게 조심스럽고 재빠른 여러 사람의 발소리가 들려올 일은 없었다.

계단을 올라온 발소리가 우리 방문 가까이에서 뚝 멈췄다. 소름이 쫙 끼쳐 왔다. 무서워서 언니를 깨우고 싶었지만 언니는 너무나 곤히 자고 있었다. 그러더니, 덜커덩! 문짝을 억지로 잡아뜯듯 여는 소리와 함께 험악한 남자의 외침이 닭장집 전체에 울렸다.

"꼼짝 말앗! 그대로 바닥에 엎드려!"

바로 옆 오빠들 방에서 나는 소리에 언니와 나는 화들짝 놀라 밖으로 나갔다.

방문 앞에서 웬 남자들이 민혁 오빠를 둘러싸고 있었다. 그중 한 명은 민혁 오빠의 허리 뒤춤을 우악스럽게 움켜쥐고 있었다. 우리 오빠는 민혁 오빠를 바라보며 어쩔 줄 몰라 하고 있었다.

"제가 뭘 잘못했다고 이러십니까!"

민혁 오빠가 몸부림을 치면서 소리치자, 한 남자가 "그걸 몰라서 물어?" 하며 민혁 오빠의 등을 팔꿈치로 내리쳤다. "헉!" 소리를 내며 민혁 오빠가 푹 꾸부러졌다.

"유신 체제 반대? 너같이 빨갱이 물이 든 불순분자는 아주 요절을 내야 해!"

민혁 오빠가 불순분자일 리 없다며 언니와 오빠가 번갈아 가며 형사들에게 사정했다. 그러나 형사는 민혁 오빠 손목에 수갑을 채우면서 싸늘하게 말했다.

"너희도 이렇게 사상이 불순한 놈하고 어울리다간 큰코다치는 수가 있어!"

이 방 저 방에서 나온 사람들이 수군거렸다. 채은이도 얼굴이 파랗게 질린 채 마당 한쪽에 서 있었다.

민혁 오빠는 결국 잡혀갔다. 도대체 무슨 잘못을 한 걸까? 세상이 잘못됐으니 바꿔야 한다던 민혁 오빠의 말이 떠오른다. 그리고 민혁 오빠를 빨갱이 물이 든 불순분자라던 형사의 말도 귀에 쟁쟁하다.

유신 헌법 반대 운동

많은 국민들은 박정희 대통령이 만든 유신 헌법에 반대했다. 유신 헌법은 대통령의 권한으로 민주주의 제도를 무너뜨렸고 국민들의 자유를 억눌렀기 때문이다.

정부는 유신 헌법에 반대하거나 정부를 비판하는 사람은 북한에 동조하는 세력이라며 붙잡아 갔다.

그러나 학생, 종교인, 시민 들은 정부의 탄압을 두려워하지 않고 **유신 헌법 반대 시위**를 계속했다.

1975년 6월 26일

민혁 오빠가 잡혀가고 사흘이 지났다. 오빠 말로는 민혁 오빠가 당분간 돌아오기 힘들 거라고 했다. 민혁 오빠와 함께 잡혀간 사람이 여럿인데, 모두 어디선가 조사를 받고 있다고 했다. 그 말을 하고 나서 오빠는 한숨을 푹 내쉬었다.

근데 채은이가 나만 보면 민혁 오빠가 어떻게 됐는지 아느냐고 묻는다. 나도 아는 게 없어서 뭐라고 대답해 주기 어려웠다. 애가 민혁 오빠를 좋아하기는 정말 좋아하나 보다.

민혁 오빠에게 제발 별일 없었으면 좋겠다.

유신 헌법에 반대하는 사람이 많아지자, 정부는 유신 헌법에 관해 찬반을 묻는 **국민 투표**를 실시했다.

연탄가스 중독

1975년 7월 8일

장마철이라 추적추적 비만 내린다. 온 데가 다 눅눅하다. 그 때문에 오늘 큰일이 생겼다.

아침 일찍 콩나물을 사러 가게에 갔더니 문이 닫혀 있었다. 주인아줌마는 늘 꼭두새벽에 가게 문을 여는데, 좀 이상했다. 고개를 갸웃거리며 도로 대문을 들어서는데 어디서 가냘픈 소리가 들려왔다. 고양이 소리 같기도 하고 누가 입을 막고 우는 소리 같기도 했다.

소리가 채은이네 방 쪽에서 나는 것 같았다. 그냥 갈까 하다가 채은이네 방으로 통하는 부엌 쪽문을 당겨 보았다. 잠겨 있었지만 고리가 헐거워서 반 뼘쯤 틈이 벌어졌다.

그 틈으로 눈을 대자 부엌 바닥에 뭐가 어슴푸레 보였다. 빨간 꽃무늬 잠옷을 입고 긴 머리를 푼 채 엎어져 있는 귀신이었다. 난 뒤로 벌렁 나자빠지며 꺄악꺄악 소리쳤다.

사람들이 문을 벌컥벌컥 열고 뛰쳐나오며 무슨 일이냐고 물었다. 나는 부들부들 떨면서 "귀, 귀, 귀신……." 이라고 더듬거렸다. 그런데 차츰 내가 본 게 귀신이 아니란 생각이 들었다. 그 꽃무늬 잠옷은 전부터 내가 은근히 부러워하던 채은이 거였다.

그랬다. 그 귀신은 채은이었다. 사람들은 부엌에 쓰러져 있는 채은이를 안고 나와 바닥에 눕혔다. 기절한 주인아줌마도 방에서 둘러업고 나왔다. 연탄가스 중독이었다.

사람들은 김칫국을 먹여야 한다, 흙냄새를 맡게 해야 한다면서 야단이었다. 곧 택시를 불러와서 두 사람을 급히 병원으로 옮겼다.

연탄가스 중독 사고는 보통 겨울에 일어나는데, 장마철이라 방이 눅눅해서 연탄불을 땐 모양이었다. 오랫동안 때지 않다가 갑자기 때는 바람에 연탄가스가 새어 드는 줄 몰랐던 거다.

다들 나 아니었으면 큰일 날 뻔했다고 혀를 찼다. 그건 그렇다. 내가 그 희미한 소리를 듣지 못했다면 채은이와 아줌마는 계속 연탄가스를 마셔야 했을 거다. 그랬다면 무슨 일이 일어났을지……. 생각만 해도 몸이 떨린다.

1975년 7월 11일

채은이는 사흘 만에 퇴원했다. 아침에 화장실 앞에서 채은이를 만났다.

"인제 괜찮은겨?"

채은이는 해쓱한 얼굴로 배시시 웃으면서 고개를 끄덕였다. 나한테 그렇게 순하게 웃어 준 건 처음이었다.

"너 먼저 들어가."

나한테 화장실도 양보했다. 내가 생명의 은인이란 걸 알긴 아는 모양이다, 키키키.

편리하고 값싼 연탄

연탄은 불땀이 세고 오래가는 데다 값이 싸서 가정의 난방용으로 널리 사용되었다. 연탄을 쓰기 시작하면서는 산에서 나무를 베지 않아도 되었다.

연탄은 잘 타도록 공기 구멍이 뚫려 있기 때문에 구공탄, 구멍탄이라고도 불렀다.

연탄 배달

연탄 가게

연탄 배달부는 연탄 가게에 쌓아 둔 연탄을 손수레나 지게에 실어 각 가정으로 배달해 주었다.

연탄불 갈기

아궁이에 불 피운 연탄을 넣고 방을 데우거나 음식을 만들었다. 아래쪽의 연탄이 다 타면 위쪽 연탄을 밑에 놓고 새 연탄을 얹어 준다.

연탄 아궁이

수박 잔치

1975년 7월 16일

몹시 더운 날, 가만히 있어도 땀이 줄줄 흘렀다. 닭장 집은 사방이 꽉 막혀서 더 푹푹 쪘다.

문을 활짝 열어 놓은 채 방에서 숙제를 하고 있는데, 채은이 목소리가 들려왔다.

"다들 마당으로 나와서 이것 좀 드세요."

나는 신경 쓰지 않고 계속 숙제를 했다. 그런데 마당이 자꾸 왁자지껄해졌다. 그렇게 조금 있자니까 채은이가 우리 방으로 올라왔다.

"명란아, 너도 얼른 내려와."

"왜?"

"엄마가 우리 집 사람들한테 신세 졌다고 한턱 낸대."

"참말이여?"

난 잘 믿어지지 않아서 되물었다. 채은이는 그냥 웃기만 했다.

"이게 웬일이야? 내일은 해가 서쪽에서 뜨겠는걸!"

"그러게, 살다 보니 별일이 다 있네."

"그러다 아줌마가 다 듣겠다, 듣겠어."

마당으로 내려갔더니 다른 방 사람들이 바닥에 둘러앉아 수박을 먹으며 떠들고 있었다.

"벌써 다 들었어. 내일 진짜 해가 서쪽에서 뜨는지 두고 봐야지."

주인집 아줌마가 쟁반에 수박을 더 담아 가지고 나오면서 농담을 했다. 그리고 내 손에 수박 한 조각을 쥐여 주었다.

"명란아, 너도 어서 많이 먹어."

"네, 잘 먹겠구먼유."

아줌마가 친절하게 구니까 너무 이상했다. 연탄가스 마시고 착하게 변신이라도 한 걸까.

어둑어둑 해가 지면서 닭장집 사람들이 하나둘 집으로 돌아왔다. 마당에 잔치판이 벌어진 걸 보고는 다들 눈이 휘둥그레졌다. 아줌마는 사람들을 다 불러 앉혀서 수박을 먹였다. 공장에서 일하느라 지치고, 더위에 또 지친 사람들은 후루룩 소리를 내며 시원한 수박을 물 마시듯 들이켰다. 무슨 일인가 싶어 기웃거리던 동네 아줌마들도 들어와서 자리를 잡았고, 딸기코 아저씨는 술이 없어 시시하다며 투덜거렸다.

어느새 좁은 마당이 사람들로 가득 찼다. 곧 큰언니도 공장에서 돌아오고 오빠도 학교에서 돌아왔다.

오빠는 나에게 엽서 한 장을

건네주었다. 감옥 대신 군대에 간 민혁 오빠가 우리 오빠한테 보낸 안부 엽서였다. 엽서 끝머리에 나랑 채은이도 잘 지내라는 말이 적혀 있었다. 채은이는 그 엽서를 읽고 무척 좋아했다.

 마당에 어둠이 한가득 내렸다. 누가 방에서 백열등을 끌어다가 바깥벽에 걸었다. 노랗고 희미한 백열등 불빛을 받은 사람들 얼굴에서 발그레하게 빛이 났다.

역사 일기 10 – 산업화 시기
시골 소녀 명란이의 좌충우돌 서울살이

2013년 12월 10일 1판 1쇄
2021년 2월 2일 1판 5쇄

일기글 | 조호상 **정보글** | 김영미 **일기 그림** | 김효은 **정보 그림** | 강부효
기획·편집 | 최옥미·강변구 **디자인** | 김지선 **표지 제목 글씨** | 김세현 **마케팅** | 이병규·이민정·최다은
제작 | 박흥기 **출력** | 한국커뮤니케이션 **인쇄** | POD코리아 **제책** | 책다움

펴낸이 | 강맑실 **펴낸곳** | (주)사계절출판사 **등록** | 제406-2003-034호
주소 | (우)10881 경기도 파주시 회동길 252 **전화** | 031) 955-8588, 8558
전송 | 마케팅부 031) 955-8595 편집부 031) 955-8586 **홈페이지** | www.sakyejul.net **전자우편** | skj@sakyejul.com
트위터 | twitter.com/sakyejul **페이스북** | facebook.com/sakyejulkid **인스타그램** | instagram.com/sakyejulkid

ⓒ 조호상·김영미·김효은·강부효 2013

값은 뒤표지에 적혀 있습니다. 잘못 만든 책은 구입하신 서점에서 바꾸어 드립니다.
사계절출판사는 성장의 의미를 생각합니다. 사계절출판사는 독자 여러분의 의견에 늘 귀 기울이고 있습니다.
이 책은 저작권법에 따라 보호받는 저작물이므로 무단전재와 무단복제를 금합니다.

ISBN 978-89-5828-425-3 74910
ISBN 978-89-5828-415-4 (세트)

이 책의 국립중앙도서관 출판시도서목록(CIP)은 다음 홈페이지에서 이용할 수 있습니다. http://www.nl.go.kr/ecip
CIP제어번호: CIP2013024243